Kleingärten

Helmut Jantra

Kleingärten

Planen · Anlegen · Pflegen

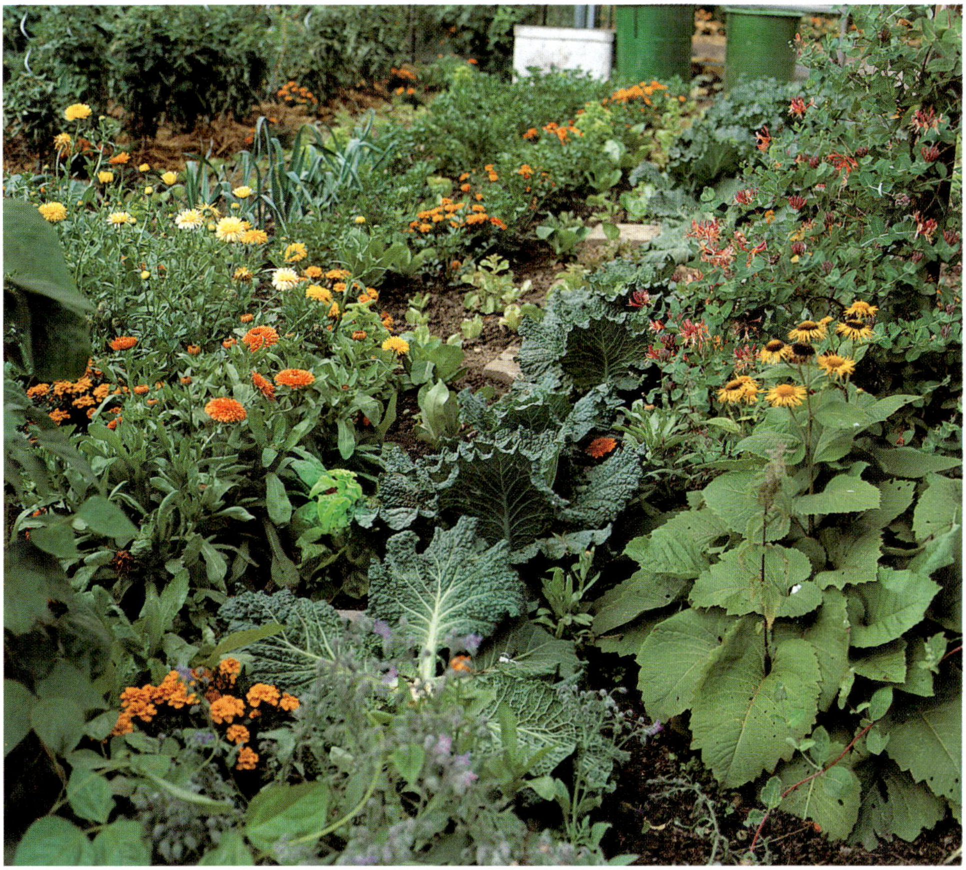

FALKEN

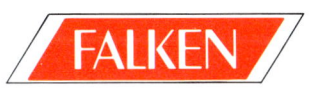

Zum Thema Garten sind im FALKEN Verlag zahlreiche Bücher erschienen.
Hier eine kleine Auswahl: Garten heute (4283); Ziergräser (829); Erfolgs-
tips für den Obstgarten (827); Erfolgstips für den Gemüsegarten (674);
Erfolgreich gärtnern (4252); Reihenhausgärten (1016)

ISBN 3 8068 1015 X

© 1989/1991 by Falken-Verlag GmbH, 6272 Niedernhausen/Ts.
Die Verwertung der Texte und Bilder, auch auszugsweise, ist ohne Zustimmung des
Verlags urheberrechtswidrig und strafbar. Dies gilt auch für Vervielfältigungen,
Übersetzungen, Mikroverfilmung und für die Verarbeitung mit elektronischen Systemen.
Titelbild: Erik Stegman, Wiesbaden, nach Vorlagen von: Heike Großgebauer,
Freie Garten- und Landschaftsarchitektin, Meckenheim, und Jürgen Schubert,
Freier Landschaftsarchitekt, Köln
Bildquellenverzeichnis:
Archiv für Kunst und Geschichte, Berlin: 7
Rolf Bühl, Stuttgart: 85 u. l., 85 r.
Gerhard Bambach, Geisenheim: 68 u.
Gisela Fleschmann-Becker, Etikettenfabrik, Murrhardt: 59 u., 61 o. l.
Ingrid Gabriel, Wiesbaden-Naurod: 56, 57, 58, 59 o., 61 u. l., 61 o. r., 63 65, 84
Greiner & Meyer, Photo-Center, Braunschweig (Photo Greiner): 40 u.,
44 u., 48 l., 55, 71; (Photo Meyer): 47 r., 48 u. r.
Martin Haberer, Nürtingen-Raidwangen: 74 o. l.
Holz-Kreiner, Königstein: 31 u. l.
Friedrich Jantzen, Arolsen: 50 l.
Kuno Krieger, Gewächshäuser, Herdecke/Ruhr: 20 l., 22 o. r.
Ingeborg Polaschek, Linsengericht-Altenhaßlau: 26 u. r., 27, 28 o. r.
Reinhard-Tierfoto, Heiligkreuzsteinach-Eiterbach: 3, 17, 19, 20 r., 21 r.,
25, 26 o. l., 26 o. r., 28 l., 32, 33 u., 34 u. r., 36, 38, 41 r., 42 o., 44 M.,
47 l., 48 o. r., 49 u., 50 o. r., 50 u. r., 51 u., 62, 66, 68 o., 72 l., 73,
74 u. l., 74 r., 75, 77, 82, 85 o. l., 86, 87
Carl Sperling & Co., Lüneburg: 40 l.
Siegfried Stein, Fachpressedienst, Vastorf: 15, 21 l., 22 o. l. 22 u. l., 22 u. r., 23,
28 u. r., 29, 33 o., 34 l., 35, 37 u., 39, 40 o. l., 41 u. l., 42 u., 43, 44 o., 45, 46, 51 o.
Max F. Wetterwald, Offenburg: 34 o. r.
FALKEN Archiv/Klaus J. Prior/Thomas Boertsch, Wiesbaden: 8, 10, 12, 14, 16,
24, 30, 31, 37 o., 41 o. l., 49 o., 52 o., 64, 81; Gerhard Röhn, Heusenstamm: 72 r.
Zeichnungen:
FALKEN Archiv/Gabriele Hampel, Kelkheim: 80; Horst Lünser, Berlin:
18, 52 u., 53, 60, 67, 69, 70, 80
Die Ratschläge in diesem Buch sind vom Autor und vom Verlag sorgfältig erwogen und
geprüft, dennoch kann eine Garantie nicht übernommen werden. Eine Haftung des
Autors bzw. des Verlags und seiner Beauftragten für Personen-, Sach- und Vermögens-
schäden ist ausgeschlossen.
Satz: LibroSatz, Kriftel bei Frankfurt
Druck: Auer, Donauwörth

817 2653 4453 62

Inhaltsverzeichnis

Geschichte des Kleingartens

Das Kleingartenwesen hatte seine größte Bedeutung und den stärksten Zulauf stets in gesellschaftspolitischen und sozialen Krisensituationen: bei Armut und Hunger, in Notzeiten in und nach Kriegen, bei Wohnungsmangel und, seit den siebziger Jahren unseres Jahrhunderts, durch Raubbau an Natur und Umwelt, Verstädterung, Baulandmangel oder Hochpreispolitik auf dem Grundstücksmarkt. Wo der Ursprung des »Schrebergartens« zu suchen ist, darüber sind sich auch Kenner der Materie nicht einig. Die Festungs- oder Bürgergärten des Mittelalters dürften es kaum gewesen sein. Diesen Anlagen, die außerhalb der städtischen Schutzmauern im urbanen Grüngürtel entstanden, fehlte der Hintergrund der sozialen Not als Hauptmotivation; vielmehr war es die zunehmende Enge im Innern der Städte, die zum Ausweichen auf das umgebende, unverbaute Land führte, wo nicht nur Handwerker und Gewerbetreibende Kräuter und Gemüse in eigener Regie anbauten, sondern auch wohlhabende Bürger Wohn- und Lustgärten anlegten.

Eher läßt sich der Beginn des Schrebergartens auf die sogenannten »Armengärten« zurückführen, die um 1830 in einigen Städten eingerichtet wurden, damit der mit Beginn des Industriezeitalters aufkommenden Not immer breiterer Bevölkerungskreise durch die Möglichkeit der Selbstversorgung mit Kartoffeln und anderem Gemüse begegnet werden konnte. Die Kommunen verfolgten hiermit nicht nur karitative, sondern gleichzeitig durchaus auch eigennützige Ziele: Indem sie die Betroffenen durch Bereitstellung von Gartenland vor dem ärgsten Hunger bewahrten, entgingen sie gleichzeitig der Notwendigkeit, die sozialen Härten durch einen Griff in den Stadtsäckel zu mindern. Mehr noch: Durch die Einnahmen, wenn auch mit geringerem Pachtzins als üblich, ließ sich in bescheidenem Maße von der Armut profitieren. Sicher gab das bei der Vergabe von Gartenland nicht den Ausschlag, dürfte aber ein uneingestandener und von den Kämmerern gern gesehener Nebenaspekt gewesen sein.

In der zweiten Hälfte des 19. Jahrhunderts entstanden dann die ersten Kleingartenanlagen, die auf den Leipziger Arzt Daniel Schreber (1808–1861) zurückgingen, später seinen Namen trugen, die er selber aber in dieser Form gar nicht gewollt hatte. Es war die Zeit der umsichgreifenden Industrialisierung, verbunden mit der Verelendung bestimmter Gesellschaftsschichten, mit Wohnungsnot, mit sozialem Abstieg in dem bald zu Elendsvierteln degradierten Umfeld der Fabriken. Besonders betroffen von diesen Mißständen waren Kinder und Jugendliche, die, ohne den Rückhalt intakter Familien, durch unmenschliche Arbeitsbedingungen und mangelnde Hygiene mit irreparablen Gesundheitsschäden belastet, ohne Hoffnung dahinvegetierten. Ihnen galt die Sorge Daniel Schrebers, der als Orthopäde für sportliche und damit körperliche und seelische Ertüchtigung der jungen Menschen eintrat und bereits 1843 die Einführung des Schulsports in Sachsen forderte. Im Zeitalter des Joggings, des Breitensports, der Propagierung von Bewegungstherapie zur Erhaltung und Förderung der Gesundheit erscheint Schrebers Anliegen recht modern.

Während gegen Ende des 19. Jahrhunderts in Berlin die ersten »Laubenpieperkolonien« als Ausdruck der Wohnungsnot eigentlich eher Obdachlosenquartiere darstellten und zeitweise etwa 40 000 Menschen ein provisorisches Dach über dem Kopf beschert haben sollen, sind die Ideen, die den »Arbeitergärten des Roten Kreuzes« zugrunde lagen, von den Grundsätzen des heutigen Kleingartenwesens gar nicht mehr weit entfernt, teilweise sogar mit ihnen identisch. Diese Thesen, auf einer Tagung der »Zentralstelle für Volkswohlfart« 1912 in Danzig bekanntgegeben, besagten unter anderem:

● Der Kleingarten ist ein ebenso wertvolles wie einfaches und wenig kostspieliges Mittel zur Förderung der Familie in wirtschaftlicher und erzieherischer Hinsicht.

● Es liegt im eigenen, vor allem auch wirtschaftlichen Interesse der Gemeinden, für eine der Nachfrage entsprechende Anzahl von kulturfähigen Kleingärten in möglichster Nähe der menschlichen Wohnungen Sorge zu tragen.

● Bei der Verpachtung von Gemeindeland an kleine Leute für Gartenzwecke ist lediglich eine der landwirtschaftlichen Nutzung und dem Wert etwaiger Anlagen (Umzäunung, Brunnen usw.) entsprechende Verzinsung anzustreben.

● Öffentliche und andere Verpachtungen an den Meistbietenden. Verpachtung an nicht gemeinnützige Zwischenunternehmer (Generalpächter usw.) sowie die Einräumung der Befugnis zur Unterpachtung an die Gartenpächter sind zu vermeiden.

● Erwünscht ist der Abschluß langfristiger Pachtverträge und, wo das nicht angängig, die Zusicherung einer billigen Entschädigung an die

Gartenbesitzer für ihre Verluste bei vorzeitiger Gartenlandentziehung.

● Dem eigenen Betätigungsdrang des Gartenbesitzers ist innerhalb seines Gartens ein möglichst weiter Spielraum zu lassen; Einschränkungen haben nur insoweit Berechtigung, als sie aus Gründen der Sittlichkeit, Gesundheit und Ästhetik erfolgen.

In der Folgezeit wurde von immer mehr Städten und Gemeinden Land für Kleingärten zur Verfügung gestellt. 1912 verfügte Leipzig über 240 ha Kleingartenfläche, Kiel über 242 ha; bei 85 in diesem Jahr untersuchten Kommunen mit mehr

Schrebergartenkolonie in Berlin um 1900

als 50 000 Einwohnern wurden 50 000 Kleingärten gezählt. Diese Zahlen dürfen freilich nicht darüber hinwegtäuschen, daß das Kleingartenwesen praktisch in einem rechtsfreien Raum angesiedelt war. Es gab kaum bindende Absicherungen der Pächter, die weitgehend von der Willkür der Eigentümer – Städte, Vereine, Institutionen – abhängig waren. Das hatte ständigen Besitzwechsel zur Folge, Gelände wurde meistbietend verkauft oder einer anderen Nutzung zugeführt. Bereits damals wurde deshalb die Forderung nach »Dauerkleingärten« erhoben, die einen festen Platz in den städtischen Bebauungsplänen erhalten und Bestandteil der Bauordnung sein sollten. Wenigstens teilweise erreicht wurde

diese Institutionalisierung im Ersten Weltkrieg, als der Staat wegen der nationalen Notlage selbst Interesse daran hatte, über den Kleingarten eine weitere Quelle der Volksernährung zu erschließen. Es begann die Notzeit der Kriegs- und Nachkriegsjahre und damit ein beachtlicher Aufschwung des Kleingartenwesens. 1920 wurden im damaligen Reichsgebiet bereits 200 000 Kleingartenpächter festgestellt, für Freiburg errechnete sich in den Jahren 1914 bis 1920 ein Anstieg von 2000 Prozent.

Obwohl die Vereine politisch keine Rolle spielten, hatten sie gesellschaftlich aufgrund ihrer hohen Mitgliederzahlen und dem Umfang des Pachtlands doch ein so großes Gewicht, daß am 31. Juli 1919 die »Kleingarten- und Kleinpachtlandordnung« als Reichsgesetz erlassen wurde. Es stellte sozusagen das gesetzgeberische Dach

In einem Kleingarten läßt sich die Freizeit genießen

dar, unter dem die verschiedenen Ausführungsbestimmungen der Länder zusammengefaßt waren. Da fortan nur Körperschaften des öffentlichen Rechts oder gemeinnützige Institutionen als Generalpächter von Kleingartenland auftreten durften, war eine Manipulation durch Privatpersonen nicht mehr möglich. Außerdem wurde der Kündigungsschutz präzisiert, so daß eine mehr oder minder willkürliche Wegnahme von einmal verpachteten Parzellen verhindert werden konnte. Gegen Ende der zwanziger Jahre verzeichnete der »Reichsverband der Kleingartenvereine« 392 000 Mitglieder in über 3550 Vereinen; eine Zahl, die im Verlauf der Weltwirtschaftskrise weiter anstieg, bis sie in den Jahren während des Zweiten Weltkrieges die Millionengrenze überschritt. Wieder waren es die Not und durch das Kriegsgeschehen hervorgerufenen Versorgungsschwierigkeiten, die die Kleingartenvereine zu einer als Wirtschaftsfaktor geschätzten Institution machten.

Nach 1945, als viele der großen Städte in Schutt und Asche lagen, wurden zahlreiche Lauben zu Notquartieren für die ausgebombten Pächter, deren Familien und Freunde. Bereits 1947 gab es in der Nachfolge des »Reichsverbandes« den »Zentralverband des Kleingartenbaus« mit 600 000 Mitgliedern, der zwei Jahre später durch den »Verband deutscher Kleingärtner e. V.« ersetzt wurde. Dessen in 5000 Vereinen zusammengeschlossene Mitglieder hatten etwa eine Million Parzellen gepachtet. Mit dem zunehmenden Wohnungsbau, dem Beginn des »Wirtschaftswunders«, aber auch der Erschließung neuen Baulands durch die Kommunen verlor das Kleingartenwesen einen Teil seiner Bedeutung. Viele ehemalige Pächter avancierten zu Eigenheimbesitzern mit Garten. Die wirtschaftliche Notwendigkeit, eigenes Obst und Gemüse zu ziehen, bestand kaum mehr. Es war genügend Geld vorhanden, die Bedürfnisse des täglichen Bedarfs aus dem überquellenden Angebot des Handels zu decken.

Das alles führte zu einer starken Abnahme der Mitgliederzahlen in den Kleingartenvereinen, allein 1950 waren es 80 000, die der Organisation den Rücken kehrten. In der Bevölkerung war eher eine negative Einstellung zum »Schrebergarten« zu verzeichnen; einmal, weil teures Bauland von den Kleingärtnern mit Beschlag belegt und dank gesetzlicher Schutzmaßnahmen nicht ohne weiteres kündbar war. Zum anderen sah man in Mitbürgern, die ihre Wochenenden mit Umgraben und Unkrautjäten verbrachten, sozial Schwache, denen ein Häuschen in den blitzblanken Stadtrandsiedlungen versagt bleiben mußte. Außerdem gelang es den Kommunen in zunehmendem Maße, lukrativen Bauunternehmungen im Wege stehende Kleingartenanlagen aufzulösen – nicht immer auf ganz legalem Wege und häufig, ohne Ersatz bereitzustellen. Das alles blieb nicht ohne Folgen. So verloren die Kleingartenvereine ab Mitte der fünfziger Jahre bis 1964 jährlich im Durchschnitt etwa 20 000 Mitglieder, 500 000 Gärten wurden von 1949 bis 1964 aufgelöst.

Zu Beginn der siebziger Jahre zeichnete sich dann ein erneuter Wandel mit positiven Aspekten für den Kleingarten ab – ein Trend, der bis heute anhält. Man begann einzusehen, wohin die Bauwut der Kommunen führte. Die Stadtkerne verödeten, und auch die menschenfeindlichen »Schlafstädte« mit ihrer leblosen Sterilität entsprachen in keiner Weise den Bedürfnissen der Bewohner. Gleichzeitig entdeckte man in den Verwaltungen, daß sich mit Hilfe von Kleingartenkolonien auch wieder mehr öffentliches Grün in die verödeten Städte bringen ließe. Das hatte zur Folge, daß viele Kommunen gemeindeeigenes Land als Kleingartenareal in die Bebauungspläne aufnahmen, Städteplaner beschäftigten sich mit den neuen Möglichkeiten und befreiten die »Laubenpieper« nach und nach vom Ruf der Ärmlichkeit, in den sie unverschuldet geraten waren. Die Gärten selbst waren längst keine Produktionsstätten für Kartoffeln und Kohlrabi mehr, sondern Freizeitoasen mit Rasen, Blumen, Hecken, Pergolen und bequemen Wohnlauben. Vom »Bundesverband deutscher Gartenfreunde«, der Kleingärtner-Dachorganisation, werden folgende aktuelle Zahlen zum Mitgliederbestand angegeben: 500 000 organisierte Kleingärtner in 4212 Vereinen mit 7312 Kleingartenanlagen auf einer Gesamtfläche von 34 230 ha. Den Vereinen sollen mehr als 200 000 Bewerbungen für eine Parzelle vorliegen.

9

In welchem Maße der Kleingarten heute bereits in künftige kommunale und landesplanerische Überlegungen eingebunden ist, zeigt ein Modellprojekt mit 31 Parzellen, das in Regensburg gestartet wurde. An den nicht unbeträchtlichen Kosten von 660 000 Mark beteiligen sich die Stadt Regensburg und das Bayerische Umweltministerium. Das Unternehmen läuft unter der Federführung des zur Universität München gehörenden Instituts für Landschaftsarchitektur in Weihenstephan und will ausprobieren und aufzeigen, wie ein Schrebergarten der Zukunft aussehen könnte. Es geht dabei darum, den Kleingärtner unabhängig von der öffentlichen Energie- und Wasserversorgung und frei von Chemieeinsatz sein Land bebauen und bewohnen zu lassen. Gleichzeitig soll ein natürlicher Lebensraum für Mensch, Tier und Pflanze geschaffen werden. Dazu bedient man sich der Sonnenenergie ebenso wie der modernsten Erkenntnisse des natürlichen Landbaus und des Umweltschutzes. Mit eigenen Zisternen soll die Gießwasserversorgung sichergestellt werden; Mischkultur, Hoch- und Hügelbeete liefern von Pflanzenschutzmitteln freies Gemüse, Teiche und kleine Tümpel bieten Fischen wie Amphibien eine Heimstatt, Industriedünger wird durch ein ausgeklügeltes Kompostierungssystem ersetzt. Die Gartenhäuser sind auf der einen Seite durch einen Solaranbau gekennzeichnet, der sowohl Wärmespeicher für die Lauben ist als auch die Anzucht und Kultur von Nutzpflanzen ohne zusätzliche Heizung ermöglicht. Wer will,

Mit der Waldrebe (Clematis) bewachsener Torbogen

kann diesen verglasten Platz, der vom Haus durch eine wärmespeichernde Ziegelmauer getrennt ist, auch als »Wintergarten« nutzen; denn mit Hilfe zusätzlicher Isoliermaterialien soll das Haus auch in der kalten Jahreszeit frostfrei bleiben.

Neben den praxisbezogenen Impulsen, die vom Regensburger Modell sicherlich ausgehen werden, hat dieser Versuch auch einen anderen, für das Kleingartenwesen möglicherweise noch wichtigeren Effekt. Er dokumentiert nämlich zugleich, daß der »Schrebergarten« kein Relikt aus vergangenen Epochen ist, sondern eine Form zeitgemäßen Lebensstils sein oder werden kann. In richtiger Erkenntnis rechtlicher Unstimmigkeiten und unter Berücksichtigung sowohl eigentumsrechtlicher als auch städtebaulicher und landschaftsplanerischer Gesichtspunkte trat 1983 das neue Kleingartenrecht in Kraft. Damit wurden alle bisherigen Bestimmungen aufgehoben und die bis dahin gültigen Gesetze und Verordnungen auf eine gemeinsame Basis gestellt. Vor allem aber entsprach man damit einer Forderung des Bundesverfassungsgerichts, die im bisherigen Kleingartenrecht enthaltenen Einschränkungen des Privateigentums den Inhalten des Grundgesetzes anzupassen.

Das neue Kleingartenrecht

Nachfolgend sollen die wichtigsten Paragraphen und Bestimmungen aus dem Kleingartenrecht von 1983 auszugsweise zitiert werden.

Nach § 1 wird ein Kleingarten folgendermaßen definiert:
Ein Kleingarten ist ein Garten, der
● dem Nutzer (Kleingärtner) zur nichterwerbsmäßigen gärtnerischen Nutzung, insbesondere zur Gewinnung von Gartenbauerzeugnissen für den Eigenbedarf, und zur Erholung dient (kleingärtnerische Nutzung) und in einer Anlage liegt, in der mehrere Einzelgärten mit gemeinschaftlichen Einrichtungen, zum Beispiel Wegen, Spielflächen und Vereinshäusern, zusammengefaßt sind (Kleingartenanlage).
Kein Kleingarten ist
● ein Garten, der zwar die Voraussetzungen des Vorhergesagten erfüllt, aber vom Eigentümer oder einem seiner Familienangehörigen im

Sinne des § 8 Abs. 1 des Zweiten Wohnungsbaugesetzes genutzt wird (Eigentümergarten);
● ein Garten, der einem zur Nutzung einer Wohnung Berechtigten im Zusammenhang mit der Wohnung überlassen ist (Wohnungsgarten);
● ein Garten, der einem Arbeitnehmer im Zusammenhang mit dem Arbeitsvertrag überlassen ist (Arbeitnehmergarten);
● ein Grundstück, auf dem vertraglich nur bestimmte Gartenbauerzeugnisse angebaut werden dürfen;
● ein Grundstück, das vertraglich nur mit einjährigen Pflanzen bestellt werden darf (Grabeland).

§ 3 legt die Maximalgröße von Garten und Laube fest:
● Ein Kleingarten soll nicht größer als 400 m² sein.
● Im Kleingarten ist eine Laube in einfacher Ausführung mit höchstens 24 m² Grundfläche einschließlich überdachtem Freisitz zulässig. Sie darf nach ihrer Beschaffenheit, insbesondere nach ihrer Ausstattung und Einrichtung, nicht zum dauernden Wohnen geeignet sein.

Zum Pachtzins heißt es in § 5:
● Als Pachtzins darf höchstens der doppelte Betrag des ortsüblichen Pachtzinses im erwerbsmäßigen Obst- und Gemüseanbau, bezogen auf die Gesamtfläche der Kleingartenanlage, verlangt werden. Die auf die gemeinschaftlichen Einrichtungen entfallenden Flächen werden bei der Ermittlung des Pachtzinses für den einzelnen Kleingarten anteilig berücksichtigt.

Die Vertragsdauer legt § 6 folgendermaßen fest:
● Kleingartenpachtverträge über Dauerkleingärten können nur auf unbestimmte Zeit geschlossen werden; befristete Verträge gelten als auf unbestimmte Zeit geschlossen.

Was sind nun Dauerkleingärten? Im Kommentar zum Kleingartengesetz definiert sie Ministerialrat Dr. Lorenz Mainczyk vom Bundesministerium für Raumordnung, Bauwesen und Städtebau so:

»Dauerkleingärten sind nur die im Bebauungsplan für die kleingärtnerische Nutzung festgesetzten Flächen. Alle anderen kleingärtnerisch genutzten Grundstücke, auch die im Flächennutzungsplan dargestellten »Dauerkleingärten«, sind sonstige Kleingärten.

Die Differenzierung zwischen Dauerkleingärten und sonstigen Kleingärten rechtfertigt sich aus der rechtlichen Natur des Bebauungsplans. Er wird von der Gemeinde als Satzung beschlossen, wodurch die Gemeinde als Ortsgesetzgeber tätig wird. Im Rahmen der Grenzen seines räumlichen Geltungsbereichs wirkt der Bebauungsplan für und gegen jedermann.

Im Flächennutzungsplan ausgewiesene »Dauerkleingärten« sind sonstige Kleingärten im Sinne des Bundeskleingartengesetzes. Der Flächennutzungsplan entfaltet im Unterschied zum Bebauungsplan keine verbindlichen Wirkungen. Er ist ein vorbereitender Bauleitplan, in dem die künftige städtebauliche Entwicklung des Gemeindegebiets in den Grundzügen geregelt wird. Der Flächennutzungsplan enthält insoweit lediglich ausfüllungsbedürftige »Darstellungen«. Die Darstellung der Grundzüge der städtebaulichen Entwicklung erfordert keine Abgrenzung der unterschiedlich (künftig) zu nutzenden Flächen.«

Der Kleingarten – eine Oase im Grünen

Planung

Ganz gleich, ob man seinen künftigen Garten in einer neuen Kleingartenanlage einrichtet oder eine bereits bestehende Parzelle vom Vorgänger übernimmt, am Anfang jeder Planung und Aktivität steht das Studium der jeweiligen Gartenordnung. Sie legt fest, was erlaubt ist und was nicht. So ist es in vielen Vereinen untersagt, die einzelnen Grundstücke mit Zäunen oder Hecken voneinander abzugrenzen. Großgewächshäuser sind ebenso verboten wie Schwimmanlagen oder Baulichkeiten, die aus dem Rahmen eines Kleingartens fallen beziehungsweise seinen Nutzungskriterien zuwiderlaufen. Deshalb kommt Tierhaltung hier ebensowenig in Frage wie die Einrichtung einer professionell betriebenen Gartenwirtschaft oder andere, dem Gelderwerb dienende Aktivitäten. Daher ist auch das Gemüse, das im Schrebergarten angebaut wird, ausschließlich für den Eigenbedarf bestimmt, eine »Landwirtschaft« darf nicht betrieben werden. Eigentlich sind das alles Selbstverständlichkeiten, die niemand als unbillig empfinden wird. Denn wer sich in diese Gemeinschaft Gleichgesinnter begibt, tut das, um hier seine Freizeit zu genießen. Er sucht die Verbindung zur Natur, wünscht sich Ruhe nach der Hektik des Alltags und durch körperliche Betätigung vielleicht auch gesundheitlichen Ausgleich. Mehr noch als im Hausgarten am Eigenheim ist also Rücksicht auf die Nachbarn oberstes Gebot; die Gartenordnung steckt nur den Rahmen ab, innerhalb dessen sich das Gemeinschaftsleben bewegt.

Schwierigkeiten tauchen oft unversehens auf, wenn es an die Bepflanzung, die Art der Gartengestaltung und die gärtnerischen Betätigungen geht. Große Bäume dürfen in der Regel nicht gepflanzt werden, aber das natürliche Breitenwachstum läßt sich nur schwer begrenzen. Bei Sträuchern und kleinen Bäumen ist also das Wissen um den ungefähren Wuchscharakter des ausgewählten Gehölzes wichtig, eine Absprache mit dem Nachbarn ist in jedem Fall ratsam. Das betrifft übrigens die meisten Pflanzungen, die sich in Grenznähe befinden. Problematisch wird es, wenn natur- und umweltbewußte Kleingärtner ihre Vorstellungen vom Gärtnern in einer Gemeinschaftsanlage ausleben wollen. Ohne ein Mindestmaß an Ordnung kann hier nicht gewirtschaftet werden; ein »Wildgarten« hat an dieser Stelle keine Berechtigung, ebensowenig wie die Blumenwiese mit überall ihren Samen ausstreuenden Unkräutern. Man darf seinen Garten also nicht sich selbst überlassen. Diese Verpflichtung ergibt sich nicht zuletzt aus der Position einer Kleingartenanlage als öffentliches Grün, das allgemein zugänglich ist und von dem man daher auch optisch positive Eindrücke erwarten darf. Wie es um die Verwendung von Pflanzenschutzmitteln bestellt ist, wird im Einzelfall zu entscheiden sein. Wer seine Äpfel oder Beerenobststräucher im akuten Fall gegen Schädlinge oder Pilzkrankheiten mit Insektiziden beziehungsweise Fungiziden einnebelt, muß dafür sorgen, daß keine Spritzwolken zum umweltbewußten Nachbarn hinüberwehen – eine Empfehlung, die leicht ausgesprochen, aber schwer in die Praxis umzusetzen ist.

Wenn also nachbarschaftliche Toleranz und eine gewissen Freizügigkeit das Leben in der Gemeinschaft prägen sollen, ist die Forderung, dem Einzelnen ausreichend individuelle Entfaltungsmöglichkeiten einzuräumen, an die Vereine direkt gerichtet. Das Bestehen auf einem gewiß notwendigen Reglement sollte nicht zu einer Uniformität der gesamten Anlage führen, der Spielraum für eigene Entscheidungen hinsichtlich der Gestaltung und Bepflanzung so groß wie möglich sein.

Wer einen Kleingarten besitzt oder nach langer Wartezeit endlich eine Parzelle erhalten hat, möchte dort soviel wie möglich unterbringen. Das »grüne Wohnzimmer« soll komplett eingerichtet werden mit Blumen, Rosen und ansprechenden Gehölzen – und natürlich dürfen Obst, Gemüse und Kräuter nicht fehlen. Nach einiger Zeit wird man Appetit auf etwas Besonderes bekommen, vielleicht einen kleinen Teich, einen Steingarten, eine Trockenmauer oder manch anderes gestalten wollen, was man irgendwo gesehen hat.

13

Berankte Pergola

Verschiedene Beerenobstarten lassen sich – am Spalier gezogen – auch ohne weiteres zur Grundstücksbegrenzung verwenden

Natürlich hängt es von den Vorlieben des Gärtners ab, wo die Schwerpunkte gesetzt werden, ob der Nutz- oder Ziergarten dominieren soll oder ob beiden Bereichen Gleichwertigkeit zuzubilligen ist. Dabei können die Übergänge durchaus fließend sein; gerade im kleinen Garten ist eine optisch vertretbare Mischung häufig angebrachter und leichter zu realisieren als strenge Trennung. Den Gemüsebeeten wird man natürlich

einen gesonderten Platz einräumen, aber bereits bei Kräutern besteht die Möglichkeit, sie anderswo hinzusetzen, beispielsweise in die unmittelbare Nähe der Laube, an den Rand einer Blumenrabatte oder längs des Wegs. Hier kann auch ein Obstgehölz die Funktion des sogenannten »Hausbaums« übernehmen; Büsche oder Spindeln lassen sich an die Grenze zum Nachbarn setzen, ebenso an Drähten gezogene Himbeeren oder Brombeeren. Beerensträucher vertragen ohne weiteres die Gemeinschaft mit Blütengehölzen, Sommerblumen lassen sich auf schmalen Streifen vor dem Gemüseteil aussäen. Je vielfältiger und bunter sich ein Kleingarten darbietet, desto hübscher sieht er aus.

Bodenvorbereitung

Wer eine bereits seit langem bewirtschaftete Parzelle übernimmt, wird in der Regel einen im besten Zustand befindlichen Gartenboden vorfinden, für den es nicht mehr viel zu tun gibt. Anders sieht es in einer Neuanlage aus oder wenn man vorhat, die Nutzfläche nach eigenen Vorstellungen aufzuteilen, Gemüse anzubauen, wo vorher Sträucher wuchsen, ein Stück Rasen in Blumenrabatten umzuwandeln, Beerenobst zu pflanzen. Hier wird man zweckmäßigerweise das Erdreich entsprechend verbessern, das heißt in einen fruchtbaren, humusreichen Zustand zu bringen versuchen. Eine gute und kräftesparende Möglichkeit, dieses Ziel zu erreichen, besteht in der Aussaat von Gründüngungspflanzen. Sie lockern den Boden mit ihren Wurzeln auf, halten ihn durch ihr dichtes, grünes Blattwerk schattig und feucht und wirken als Humusdünger, wenn sie beim ersten Frost abgefroren sind. Will man nicht so lange warten, mäht man vor der Samenbildung ab, läßt die Pflanzen leicht anrotten und gräbt sie dann flach unter. Eine bekannte Gründüngungspflanze, die man bis Mitte August aussäen kann, die Unkrautwuchs unterdrückt und mit ihren Wurzeln bis zu 1,50 m tief in den Boden reicht, ist Senf. Lediglich dort, wo später Kohlgewächse angebaut werden, sollte man auf ihn verzichten, weil er wie die Kohlarten zur Familie der Kreuzblütler gehört und die Ausbreitung von Kohlhernie, einer hartnäckigen Pilzkrankheit, fördern kann.

Sonst aber ist Senf für alle Bodenarten geeignet und wächst in saurer wie kalkhaltiger Erde gleich gut.

Mit der »Bodenkur« braucht man durchaus nicht bis zum Frühjahr zu warten. Schon an frostfreien, trockenen Wintertagen läßt sich die Erde umgraben, die dann in groben Schollen bis zum Frühjahr liegen bleibt. In der Folgezeit sind Frost und Schnee billige Helfer, indem sie die Krume mürbe machen, »aufbrechen«. Im Frühjahr, wenn man die Beete herrichtet, merkt man, wie krümelig sie geworden sind. Auf eine so vorbereitete Fläche kann dann Senf ausgesät werden, der schon bald als gleichmäßiger grüner Teppich aufgeht. Wer es mit der Gartengestaltung eilig hat, walzt die Pflanzen um oder mäht sie, wie gesagt, ab und gräbt die grünen Teile oberflächig unter. Die im Boden verbliebenen Wurzeln verrotten von alleine. Auf der glattgezogenen Fläche lassen sich dann bereits Beete anlegen und bepflanzen. Wer erst im Sommer aussät, kann

Gelbsenf ist eine tiefwurzelnde Gründüngungspflanze

den Senf auch über Winter stehen lassen und erst im Frühjahr untergraben. Senf wird außerdem auch noch eine desinfizierende Wirkung nachgesagt, das heißt, er drängt das Unkraut zurück und wird von Schädlingen gemieden. Darauf beruht die Empfehlung, dieses Kraut zwischen Dahlien auszusäen. Im Frühjahr wachsen die jungen Dahlien in die Senfpflanzen hinein und bleiben vor Schneckenfraß bewahrt.

Wem das alles zu umständlich und zu langwierig ist, der bringt seinen unzulänglichen Gartenboden auf herkömmliche Weise in einen lockeren, fruchtbaren Zustand. Ist das Erdreich sehr lehmig und schwer, wird man mit Zusätzen von Sand oder Styromull, einem flockigen, weißen Kunststoffprodukt, für Lockerung sorgen. Das Material nimmt kein Wasser auf, enthält aber fast 98% Luft. Dadurch wird die Wasserführung reguliert, die Erde erwärmt sich besser, und es kommt Sauerstoff in die oberen Schichten. Bei sandigen, leichten Böden muß vor allem der Humusanteil erhöht werden. Man erreicht das am ehesten mit der Einarbeitung von reichlich Kompost, der aber in einem in der Entstehung begriffenen Garten nicht zur Verfügung steht. Hier kann man sich mit Torf oder neuerdings Rindenprodukten behelfen. Sie regen das Bodenleben zu erhöhter Aktivität und damit zur Humusbildung an. Außerdem kann man in diesem Fall ebenfalls ein Kunststoffprodukt einsetzen: Hygromullflocken. Sie haben genau die gegenteilige Wirkung von Styromull: sie nehmen bis zu 70% ihres eigenen Volumens an Feuchtigkeit auf, die nach und nach an die Pflanzenwurzeln abgegeben wird. Diese Saugfähigkeit hält das in Sandböden schnell abfließende Wasser fest und verhindert Austrocknung. Humus kann dadurch freilich weder ersetzt noch neu geschaffen werden. Beide Materialien verrotten nur sehr langsam, man hat es also noch über Jahre hinweg mit den schmutzig-weißen Partikeln zu tun.

Kompostplatz

Wer früher konsequente Kompostwirtschaft betrieb, durfte mit dem Platz für die Mieten und dem Drumherum nicht geizen, und auch moderne Biogärtner billigen dieser »Humusfabrik« reichlich Raum zu. Heute können wir uns das alles sehr viel leichter machen. Das ehemals notwendige Umschichten entfällt, wenn man mit platzsparenden, sauberen Kompostsilos arbeitet, die es als Fertigprodukte mit unterschiedlichem Fassungsvermögen zu kaufen gibt.

Hügelbeet

Für den Kompost plant man einen schattigen Platz ein. Wird ein Kompostsilo verwendet, entfällt das sonst nötige Umsetzen

Sehr praktisch und vom Material her gartengerecht sind Konstruktionen aus druckimprägnierten Rund-, Halbrundhölzern oder Brettern, die man mit Hilfe von Einkerbungen einfach aufeinandersteckt und beim Auf- wie Abbau der Rotte Stück für Stück auflegen beziehungsweise entfernen kann.

Man wird seinen kleinen Kompostplatz dort anlegen, wo er nicht sofort ins Auge fällt. Er sollte von der Laube aus dennoch bequem zu erreichen sein und nicht in voller Sonne liegen. Lichter Schatten wäre für den Rottevorgang ideal, weil er das Material vor Austrocknung bewahrt, gleichzeitig das Abtrocknen der obersten Schicht nach einem Regenguß gewährleistet. Wenn an der vorgesehenen Stelle nicht schon ohnedies etwas Schatten spendende Sträucher wachsen, kann man ein Gehölz pflanzen, das sich erst ab Mannshöhe zu verzweigen beginnt, also beispielsweise einen Flieder, eine Zierkirsche oder eine Felsenbirne, drei im Frühling blühende, größere Sträucher. Über die geeigneten Materialien zum Beschicken des Komposts, Aufbau, Pflege und Verwendung wird später (siehe Seite 76) berichtet.

Die übliche Art, Gemüse im Garten anzubauen, ist das Flachbeet. Der Name macht nur Sinn, wenn man ihm die anderen Kulturmöglichkeiten gegenüberstellt: Hügelbeet und Hochbeet. Der Pflanzenanbau auf einer zu einem Hügel aufgeschichteten Fläche ist eigentlich nicht besonders revolutionär. In China wird das seit undenklichen Zeiten praktiziert, und auch bei uns hat man schon immer Kürbisse auf die Komposthaufen gepflanzt, also »Hügelkultur« betrieben, ohne hierin etwas Außergewöhnliches zu sehen. Hügel- und Hochbeete sind im Grunde genommen aufgeschüttete Rottemieten, nur daß man hier den Zersetzungsprozeß und die dabei entstehende Wärme direkt zur Pflanzenkultur nutzt und nicht abwartet, bis aus den organischen Materialien fruchtbare Erde geworden ist.

Die Anlage eines Hügelbeets ist recht arbeitsaufwendig. Zunächst wird eine ungefähr 1,80 m breite und spatentiefe Mulde ausgehoben. Die Länge ist beliebig, sollte aber nicht weniger als 3 m betragen, damit sich der Aufwand lohnt. Die im folgenden angegebenen Maße für die einzelnen Schichten sind nach Möglichkeit einzuhalten, damit nicht anstelle einer leicht abgeflachten Wölbung eine steilwandige Aufschüttung entsteht, die an den Flanken nicht bepflanzbar ist. Wird die Grube auf einem Rasenstück ausgehoben, sticht man zunächst die Soden ab und legt sie beiseite; sie werden später noch benötigt. Den Kern des Beets und zugleich die unterste Lage bilden grobe Grünabfälle wie Äste und Zweige vom Gehölzschnitt, Stroh, Pappe, krautige Pflanzenteile und so weiter. Die Materialien verrotten nach und nach und geben über einen langen Zeitraum die dabei entstehende Wärme ab. Man kann diese sparrige Masse mit Grobkompost, Sägemehl, Hobelspänen, Algenkalk oder Urgesteinsmehl und ein paar Handvoll Hornspänen verdichten. Höher als 30 cm sollte der Kern aus den oben genannten Gründen nicht sein, und allseits müssen zum Grubenrand etwa 30 cm freigehalten werden, damit hier auch die nächsten zwei Schichten noch Halt finden. Daß nur Teile von garantiert gesunden Pflanzen verwendet werden, versteht sich von selbst. Die folgende, 10 cm starke Lage besteht, falls vorhanden, aus Grassoden, die man mit den Halmen nach unten auf den Kern legt, bis er ganz von ihnen bedeckt ist. Man kann auch auf Mutterboden vom Aushub oder aus einem anderen Gartenteil zurückgreifen. Ist das Material sehr trocken, feuchtet man es leicht an und klopft die fertige Schicht mit dem Spatenblatt fest. Die nächsten 20 cm bestehen aus regennassem oder vorher gut angefeuchtetem Herbstlaub. Außer Walnußblättern, die eine längere Rottezeit haben, ist jede Baumart geeignet. Die Beschaffung dürfte auf Schwierigkeiten stoßen, so daß nur der Gang in den Wald übrigbleibt. Sofern der Förster nichts dagegen hat, läßt sich dort ausreichend Laub zusammenrechen.

Damit die Blätterschicht Stabilität bekommt, wird sie beim Auftragen mit ein paar Schaufeln Erde vermischt und zum Schluß etwa 5 cm dick mit Mutterboden abgedeckt. Um nicht warten zu müssen, bis sich die Verrottungswärme des Kerns aus grobem Material und der Laubschicht zu den Pflanzenwurzeln emporgearbeitet hat, wird empfohlen, nun eine 10 cm dicke Lage aus Grobkompost, also aus noch in der Zersetzung befindlichem Rottematerial, auf den fast fertigen Hügel zu bringen. Als Pflanzsubstrat erhält er dann schließlich noch weitere 15 cm mit Feinkompost vermischten, feinkrümeligen Mutterboden. Da soviel Kompost in seinen verschiedenen Rottestadien aber kaum zur Verfügung stehen dürfte, kann man sich mit einer Mischung aus Gartenerde, Torf und organischen Düngern wie Horn- und Knochenspänen behelfen.

Das hier beschriebene Aufbauschema soll nur Anhaltspunkte für die Funktionsweise eines Hügelbeets geben und beruht auf langjährigen Erfahrungen von Praktikern. Es ist aber durchaus abwandlungsfähig und läßt sich vereinfachen. Selbstverständlich kann zum Beispiel anstelle von Kompost auch genügend angerotteter Stallmist verwendet werden, kann man die drei obersten Lagen in einer Schicht zusammenfassen und über dem Laubmantel eine entsprechend dicke Mischung aus Gartenerde, Torf und organischem Dünger aufbringen. Unverzichtbar ist lediglich der Kern aus grobem Material und die Abdeckung mit Blättern, die nicht stark genug sein kann.

Nun hat wie jedes Ding auch der »fruchtbare Hügel« durchaus seine zwei Seiten, wobei aber hinzugefügt werden muß, daß die positiven

Bei der Anlage eines Hügelbeets ist zu beachten, daß hochwerdende Pflanzen in die Mitte gesetzt werden

Aspekte die negativen bei weitem überwiegen. Da ist zunächst einmal die Frage der Bewässerung. Ist der Hügel erst einmal durchgetrocknet, bedarf es ziemlich langwieriger Bewässerungskünste, um den Wasserhaushalt wieder in Ordnung zu bringen. Damit Regenwasser nicht sofort an den Flanken abfließt, ohne in das Beet eingedrungen zu sein, empfiehlt es sich, auf der Kuppe über die gesamte Länge eine Gießrinne auszuheben, in der sich das kostbare Naß sammelt und nach unten versickert.

Eine nicht zu unterschätzende Gefahr für jedes Hügelbeet stellen Wühlmäuse dar. Die Einwanderung von unten her kann man verhindern, indem die ausgehobene, flache Grube mit einem dichtmaschigen Drahtgeflecht ausgelegt wird. Gegen das Eindringen über den oberirdischen Beetkörper jedoch ist kein Kraut gewachsen.

Schließlich sammelt sich im Hügelbeet zunächst viel Nitrat an, das durch die fortlaufende Verrottung in größeren Mengen freigesetzt wird. Um diese Überproduktion des gesundheitsschädlichen Stoffes abzubauen, dürfen in den ersten beiden Jahren nur Starkzehrer wie Kohl, Gurken, Tomaten oder Sellerie angebaut werden; auf

Blattgemüse wie Salat oder Spinat sollte man in dieser Zeit verzichten. Hoch wachsende Gemüse wie Tomaten kommen auf die Kuppe zu stehen; bei den anderen ist darauf zu achten, daß sich die Kulturen nicht gegenseitig beschatten.

Länger als sechs Jahre hält die »Brenndauer« eines Hügelbeets nicht an. Im Lauf der Zeit sackt es in sich zusammen, wenn die Füllmaterialien verrotten. Im gleichen Maße nimmt auch die Eigenfruchtbarkeit ab, was sich jedoch durch zusätzliche Düngung mit Kompost oder anderen organischen Nährstoffen ausgleichen läßt. Entweder wird der schließlich völlig abgeflachte Hügel als normales Beet weiter genutzt, oder man baut einen neuen auf. Die beste Zeit dafür ist der Herbst, weil dann das meiste Material im Garten anfällt.

Hochbeet

Dabei handelt es sich eigentlich um nichts anderen, als um ein verschaltes Hügelbeet, bei dem lediglich die unterste Schicht vom beschriebenen Muster abweicht. Außerdem entspricht hier die Nutzfläche ziemlich genau dem Grundriß, da die Seiten nicht bepflanzt werden können. Das Hochbeet hat einige Vorteile zu bieten, die es zu einer interessanten Alternative zum Hügel machen. Einmal braucht man sich bei der Arbeit nicht mehr zu bücken, sofern die Umrandung die richtige Höhe aufweist. Die Austrocknungsgefahr ist geringer als beim Hügelbeet. Wühlmäuse lassen sich fernhalten, wenn man bereits beim Bau die Grube mit feinem Maschendraht auslegt und darauf achtet, daß die Verschalung dicht schließt. Bastler können sich ein Gestell für eine Folienhaube bauen und das Hochbeet mit wenigen Handgriffen in eine Art Kleingewächshaus oder Tunnel verwandeln. Damit läßt sich der Anbau noch weiter verfrühen beziehungsweise die Ernte im Herbst hinausschieben. Und schließlich ist ein Hochbeet eine saubere Angelegenheit; wenn man eine gefällige Rahmenkonstruktion wählt, sieht es gerade im kleinen Garten ansprechend aus. Man kann es ringsum mit einem Plattenbelag umgeben.

Hochbeet: Zuunterst kommt eine Schicht Holzschnitt. Darauf folgt krautiger Pflanzenabfall, darüber breitet man eine Schicht Kompost, vermischt mit Gartenerde

Zum Bau der Wände ist jedes feste Material geeignet, das dem Innendruck durch die Füllung standhält. Werden Bretter gewählt, ist eventuell eine zusätzliche Versteifung durch ringsum genagelte, kräftige Latten erforderlich. Als Holzprofile kommen außerdem Bohlen, rund oder vierkantig, Eisenbahnschwellen oder ähnlich stabile Elemente in Frage. Man gräbt sie senkrecht als Palisaden in den Boden ein oder legt sie bei entsprechender Dicke waagerecht aufeinander; dann sollte man die Konstruktion durch große Eisenkrampen über Eck sichern. Es geht aber auch mit Wellplatten aus Aluminium, Eternit oder Dolanit, mit Hohlblock- oder Ziegelsteinen. Hier ist ein Fundament erforderlich, das 30 cm in den Boden reichen sollte. In Gegenden mit strengen Wintern geht man besser noch tiefer. Wird Holz verwendet, muß auf gute Imprägnierung geachtet werden. Sicherheitshalber oder wenn man an der Pflanzenverträglichkeit des Schutzanstrichs zweifelt, deckt man die Seitenwände und Kopfteile im Innern mit Folie ab. Die Bahnen sollten bis zum oberen Rand des Beets hochgezogen und dort festgetackert oder mit einer darübergenagelten Latte gesichert werden. Der Boden des Beets muß in jedem Fall frei bleiben, damit Regen- und Gießwasser schnell versickern können.

Während die Beetlänge beliebig gewählt werden kann, gilt als maximale Breite 1,20 m. Die günstigste, rückenschonende Höhe liegt bei 70 bis 80 cm. Da die Grube unter dem Hochbeet mindestens 50 cm tief sein sollte, um das Grobmaterial aufnehmen zu können, und die Länge in den meisten Fällen kaum unter 3 m liegen wird, entsteht zum Füllen ein viel größerer Raum, als man zunächst annimmt. Mit zerkleinertem Gehölzschnitt und anderen Gartenabfällen ist es hier nicht getan. In die unterste Schicht, also in die einen halben Meter tiefe Grube, gehören Materialien, die im wahrsten Sinn des Wortes den Ausdruck »grob« verdienen.

Für den Aufbau gilt eine Grundregel: je weiter er fortschreitet, desto feiner und daher leichter zersetzbar muß das Material beschaffen sein. Zunächst »verarbeiten« wir also dicke Holzstücke, Balkenreste, gerodete Baumstubben, Bretter, alte Holzmöbel, die für den Sperrmüll bestimmt waren, kurz, alles an Grobholz, was uns in die Finger gerät. Nur Span- oder Preßholzplatten sind wegen der Verleimung ungeeignet. Zweite Grundregel: zwischen die Schichten und später bei den feineren Materialen auch als Trennlage kommen stets einige Schaufeln Gartenerde. Auf diese Weise verbraucht sich nach und nach der ganze Aushub. Außerdem sollte man immer wieder den Schlauch nehmen und die Masse gut anfeuchten.

Weiter geht es dann mit alten Büchern, Zeitungen, Kartons, Wellpappe und Gartenabfällen. Zwischendurch tritt man die Lagen fest. Grundsätzlich findet beim Aufbau alles Verwendung, von dem man sicher ist, daß es verrotten kann.

Aus runden Holzbohlen läßt sich ein Hochbeet einfach und schnell aufbauen

Den Abschluß bildet wie beim Hügelbeet eine möglichst dicke Schicht Laub. Jetzt fehlt ganz oben nur noch das Pflanzsubstrat. Ideal ist mit Gartenerde gemischter Kompost. Wo nicht genug davon zur Verfügung steht, bessert man den Gartenboden auf, indem man ihm Torf, Urgesteinsmehl oder organischen Dünger beigibt. Diese Lage sollte mindestens 15 cm dick sein, damit die Wurzeln der Jungpflanzen nicht in die Rotte hineinwachsen, was ihnen nicht besonders gut bekommt.

Wie beim Hügelbeet zersetzt sich das aufgeschichtete Material allmählich, nur der unterste Kern mit den dicken Stammstücken, Stubben, Brettern und so weiter »brennt« noch einige Jahre weiter. Das Beet sinkt also gleichmäßig in sich zusammen, und dieser Schwund muß durch regelmäßiges Auffüllen mit Kompost wieder ausgeglichen werden, denn das Hochbeet wird nur einmal aufgebaut.

Wichtig für den erfolgreichen Anbau von Gemüse auf dem Hochbeet ist die richtige Fruchtfolge und die Mischkultur. Bei geschickter Auswahl sind hier durchaus drei Ernten pro Jahr möglich, sofern man Gemüsearten mit kurzer Vegetationszeit als Vor- und Nachkultur und Pflanzen mit längerer Reifedauer für die Hauptsaison im Sommer wählt. Da auf einem 1,20 m breiten Beet vier Reihen angelegt werden können, gibt es viele Variationsmöglichkeiten.

Kraterbeet

Diese Anbauform kann in Gegenden mit langen Wintern und unsicheren Witterungsverhältnissen einige Vorteile bringen, weil hier die wärmende Kraft der Sonne für empfindliche Gemüsekulturen in besonderer Weise genutzt wird. Es handelt sich dabei um kreisrund ausgehobene Anbauflächen beliebigen Durchmessers, also um »Krater«, deren Basis ungefähr 10 cm unter dem umgebenden Bodenniveau liegt und deren Aushub zur Aufschüttung eines etwa 30 cm hohen Walls benutzt wird. Den Boden und den unteren Teil der Wandung legt man mit wärmespeichernden und -reflektierenden Steinen aus. Je eine Saat- oder Pflanzreihe befindet sich im Innern des Beets, etwa auf der Höhe des Gartenbodens, und auf der äußeren Wallseite. Der Erwärmungseffekt kommt natürlich nur den Gewächsen zugute, die auf der Innenseite stehen. Ein zusätzlich in die Mitte der Mulde eingeschlagener Pfahl kann als Stütze für eine Folienabdeckung dienen, die – außen mit Steinen beschwert – im Frühling und Herbst Schutz gewährt. Da die Anbaufläche im und am Krater begrenzt ist, wird man mehrere dieser Rundbeete anlegen müssen, damit ein jährlicher Kulturwechsel möglich ist. Gewässert und gedüngt wird in herkömmlicher Weise.

Frühbeet

Es handelt sich um eine nach vorne leicht abgeschrägte Rahmenkonstruktion, bei der aufgelegte Fenster den Schutz der heranwachsenden Kulturen garantieren. In alten Zeiten wurde hier im Frühjahr eine dicke Schicht Pferdedung eingefüllt, die für die notwendige Erwärmung sorgte. Da man an Stalldünger kaum mehr herankommt, wird das Beet heute oft elektrisch beheizt. Mit einem angeschlossenen Thermostat läßt sich die Temperatur automatisch regeln. Man kann aber auch eine Wärmepackung zusammenstellen, die die Funktion des natürlichen Düngers übernimmt. Um eine 30 cm dicke Schicht zu erhalten, werden 45 kg Häckselstroh, Spreu oder Laub pro Quadratmeter benötigt. Man füllt die Menge in den Kasten, streut etwas Torf darüber und feuchtet mit reichlich Wasser durchdringend an. Darauf kommen 2 kg Kalkstickstoff; der Torf verhindert das Durchrieseln des Düngers. Jetzt ist nur noch festzutreten, Aussaaterde einzubringen und das Beet mit den Fenstern abzudecken. Nach einigen Tagen hat sich der Kasten soweit erwärmt, daß gesät und gepflanzt werden kann.

Der Handel bietet eine Vielzahl von Frühbeetmodellen aus Holz, Kunststoff, Aluminium, Eternit, Plexiglas oder Betonelementen an. Darunter sind Konstruktionen mit automatischer Belüftung und installierter Heizung sowie Doppelfrühbeete mit beidseitig aufgelegten Fenstern. Produkte in Leichtbauweise und ohne Boden, sogenannte »Wanderkästen«, kann man nach Bedarf über eine Kultur stellen und wieder an einem anderen Platz aufbauen, wenn die Pflanzen keinen Schutz mehr benötigen.

Der Eigenbau aus Holzbrettern und Latten bereitet keine Schwierigkeiten, weil die Seitenbretter einfach an stärkere Eckpfosten genagelt oder geschraubt werden. Als Fenster genügt ein mit

Holzbretter für den Unterbau und mit Folie bespannte Latten sind für ein einfaches Frühbeet völlig ausreichend

Der Handel bietet viele Frühbeetmodelle an, die aus witterungsbeständigen Materialien hergestellt sind

Folie bespannter, passender Rahmen zum Auflegen; für die Belüftung sorgt ein untergeklemmter Holzkeil. Die fertig gekauften oder selbstgebauten Kästen lassen sich recht wirksam zusätzlich isolieren, indem man den Innenraum mit starken Styroporplatten auslegt. Schon zeitig im Frühjahr kann mit den eigenen Anzuchten begonnen werden, wobei an sonnigen Tagen unbedingt ausreichend gelüftet werden muß. Wie im Kleingewächshaus ist es viel öfter der Hitzestau als die Kälte, der zu Mißerfolgen führt. Übrigens ist ein vor Frost geschütztes Frühbeet ein ausgezeichnetes Winterlager für Wurzelgemüse und Kohl.

Folien und Vliese

Es gibt mehrere Arten von Gartenfolien, die alle dem Schutz der heranwachsenden Pflanzen dienen und empfindliche Gewächse vor den Unbilden der Witterung bewahren. Schwarze Mulchfolie hat sich bei Kulturen bewährt, die Bodenwärme lieben wie zum Beispiel Erdbeere, Gurke und Melone. Bei Erdbeeren kommt noch hinzu, daß die heranreifenden Früchte sauber bleiben. Man legt die Bahn ziemlich straff über das Beet, beschwert die Ränder mit Erde oder Steinen und führt an jeder Pflanzstelle einen Kreuzschnitt durch, in den dann der Setzling kommt. Frühe

Aussaaten lassen sich auf diese Weise ebenfalls schützen, nur muß der Boden vorher gut angefeuchtet und die Abdeckung entfernt werden, sobald sich die ersten grünen Spitzen zeigen. Auch eine ausreichende Grunddüngung ist hier erforderlich. Nährstoffe kann man nur noch in flüssiger Form durch Gießen der Einzelpflanzen geben.

Gelochte Klarsichtfolie ist mit 500 bis 1000 Perforationsöffnungen pro Quadratmeter versehen und wird locker über die Kulturen gebreitet. Auch hier erfolgt eine schnellere Bodenerwärmung, außerdem herrscht unter der durchsichtigen Kunststoffhaut ein den Pflanzen zuträgliches, feuchtwarmes Kleinklima. Man braucht keine schnelle Austrocknung zu befürchten, und die Folie kann relativ lange Zeit auf dem Beet liegenbleiben. Außerdem ist hier kein Vogelfraß möglich. Gegossen wird über die Bahnen, deren Löcher Wasser in ausreichender Menge durchlassen.

Eine Weiterentwicklung der Lochfolie stellt die Schlitz- oder »mitwachsende« Folie dar. 30 000 feine Einschnitte pro Quadratmeter verleihen dem federleichten Material ein beachtliches Ausdehnungsvermögen, so daß es von den größer werdenden Pflanzen mit zunehmendem

Schwarze Mulchfolie erwärmt den Boden, schützt vor Austrocknung und läßt kein Unkraut aufkommen

Lochfolie schafft ein für die Anzucht günstiges, feuchtwarmes Klima. Außerdem verhindert sie einen möglichen Vogelfraß

Folientunnel

Wachstum nach oben gedrückt wird, ohne den Kulturen dadurch zu schaden. Gleichzeitig werden die Schlitze zwangsläufig immer breiter, so daß zunehmend Luft an die Gewächse gelangt, der Gasaustausch gewährleistet ist und Hitzestau automatisch vermieden werden.

Ähnlich funktioniert ein Vlies, das unter der Produktbezeichnung Agryl P 17 im Fachhandel angeboten wird. Ultraviolette Strahlen können bis zu 80% hindurchgelangen, ohne jedoch die Fasern anzugreifen. Die Belüftung ist ebenfalls ausreichend. Wie Loch- und Schlitzfolie breitet man das sehr dehnungsfähige Vlies nur locker über das Beet und beschwert die Seiten mit Erde oder Steinen. Versuche haben ergeben, daß Temperaturen bis −5°C von den Kulturen ohne Schaden überstanden werden, was nicht zuletzt auf den Taueffekt zurückzuführen ist: An der Vlies-Innenseite bildet sich ein hauchdünner Wasserfilm, der bei Frost gefriert und damit eine wärmeisolierende Wirkung hat.

Hier wartet die Industrie ebenfalls mit einer Reihe von Modellen auf, die gegenüber den Frühbeeten recht preisgünstig sind. Eine gängige Konstruktion besteht aus Federstahlbügeln, über die eine Folienhaut gezogen wird. Bei anderen Fabrikaten ist die Folie zwischen zwei Bügeln eingeklemmt. Ein derartiger Tunnel besteht aus mehreren Elementen, die man zum Lüften nach oben klappt. Tunnel haben den Vorteil großer Mobilität, das heißt, sie werden über schutzbedürftige Kulturen gesetzt, solange diese durch ungünstige Wetterlagen gefährdet sind, und danach beiseite gestellt oder für andere Pflanzungen verwendet. Auch hier ist ein Eigenbau mit Hilfe von Holzlatten und vorgefertigten Steckelementen relativ einfach. Diese Steckelemente, als »Multibinder« im Handel erhältlich, haben zwei passende Öffnungen, in die die Enden der Latten hineingeschoben und festgeschraubt werden. Daraus läßt sich auch ein einfaches, kleines Folienhaus selbst herstellen, das man mit stabiler Drahtgitterfolie bespannt.

Je größer die Pflanzen werden, um so mehr Luft läßt die Schlitzfolie durch

Folientunnel bieten auch im Sommer genügend Schutz für sehr wärmebedürftige Pflanzen

Stehen Pflanzen unter Vliesen, bleibt der Schädlingsbefall gering

Bei flachen Folientunneln mit Edelstahlbügeln ist das Lüften einfach

Jungpflanzen-anzucht

Die Anzucht von Jungpflanzen ist daheim am Fenster durchaus möglich, man benötigt dazu nicht unbedingt ein Kleingewächshaus oder aufwendige Kultureinrichtungen. Am besten arbeitet man mit einem kleinen Anzuchtbeet. Es braucht nicht beheizbar zu sein, die Wohnwärme ist für die Keimung ausreichend. Eine Abdeckhaube dagegen ist für eine gleichmäßige Feuchte notwendig. Man behilft sich mit Glasplatten oder einem Stück festgeklemmter Klarsichtfolie.

Auch hier wieder ein Tip für den Eigenbau. Eine größere Holzkiste reicht für unsere Zwecke völlig aus. Sie wird mit Folie ausgelegt – ein paar

Man drückt das Saatgut an

Der Samen wird gleichmäßig über die ganze Fläche ausgesät

Dunkelkeimer werden mit einer dünnen Schicht Erde abgedeckt

23

Wasserabzugslöcher nicht vergessen – und der Boden mit Sand bedeckt. Eine Schicht gekaufter Anzuchterde nimmt dann die Samen auf. Beim Gießen muß man darauf achten, daß kein Wasser aus der Kiste heraustropft oder für ein entsprechendes Auffanggefäß sorgen.

Bei den meisten Gemüsepflanzen handelt es sich um sogenannte Dunkelkeimer, das heißt der Samen muß dünn mit Erde bedeckt werden. Bei den Lichtkeimern werden die Samen nur auf das angefeuchtete Anzuchtsubstrat gestreut und nicht abgedeckt. In Beuteln gekaufte Aussaaterde zeichnet sich dadurch aus, daß sie kaum Düngestoffe enthält und keimfrei ist.

Der Stand der Anzuchtgefäße sollte stets hell, aber niemals sonnig sein. Setzlinge vertragen soviel Licht noch nicht, außerdem besteht die Gefahr der Austrocknung. Keimende Samen, die einmal trocken wurden, sterben sofort ab.

Die mollige Wärme des Wohnzimmers ist nicht immer mit der notwendigen Keimtemperatur von in der Regel 20° C identisch. Auf einer Fensterbank aus Stein oder Marmor fehlt auch dann die erforderliche Bodenwärme, wenn sich ein Heizkörper darunter befindet. Hier hilft nur ein neben das Saatgefäß gelegtes Thermometer. Nicht ganz dicht schließende Fenster können der Pflanzenkinderstube ebenso gefährlich werden wie unbedachtes Lüften an kalten Tagen. Und noch etwas gilt es zu bedenken: Jeder Hobbygärtner möchte so früh wie möglich mit den Anzuchten beginnen und ist deshalb bestrebt, seine Jungpflanzen zeitig im Jahr heranzuziehen. Ohne künstliche Lichtquellen ist man hierbei jedoch an die Tageslänge gebunden, und es bringt daher nichts, etwa bereits im Januar oder Februar auf dem Fensterbrett auszusäen. Die Setzlinge brächten zwar gerade noch die Köpfe aus der Erde, würden dann aber bald eingehen, weil die wenigen Lichtstunden unserer Winter für ein gesundes Wachstum nicht ausreichen. Anfang März ist daher der früheste Zeitpunkt, an dem sich eine Anzucht mit Aussicht auf Erfolg lohnt.

Der nächste Schritt der Jungpflanzenpflege ist das Vereinzeln oder Pikieren. Der richtige Zeitpunkt dafür ist gekommen, sobald man die Setz-

linge gefahrlos mit zwei Fingern fassen kann, wenn sie also die beiden untersten Blättchen ausgebildet haben. Obgleich das Anzuchtsubstrat sehr locker ist, sollte die kleine Pflanze dennoch nicht mit einem Ruck herausgezogen werden. Die feinen Wurzeln sind so empfindlich und brüchig, daß sie abbrechen könnten. Man nimmt also ein Hölzchen oder einen Löffelstiel zur Hilfe, drückt damit eine Mulde in die Erde des neuen Quartiers und hebt den Setzling dann vorsichtig aus dem Boden. Zwischen den beiden Keimblättchen und dem Erdreich muß ein kleiner Abstand bleiben, damit sie nicht faulen. Wurde so früh ausgesät, daß der Pflanztermin fürs Freiland noch auf sich warten läßt, ist unter Umständen noch einmal zu pikieren.

Blühende Sommerblumen

Bauen im Kleingarten

Wege

Für die Anlage von Wegen, Pfaden und Trittsteigen stehen uns heute die verschiedensten Materialien zur Verfügung, unter denen man ganz nach Geschmack und Erfordernissen wählen kann. Auch für die Verlegearbeiten braucht man kaum einen Fachmann zu bemühen, schon gar nicht im Kleingarten, wo die Beanspruchung gering ist. Müssen Kompostplatz und Gemüsebeet mit der Schubkarre angefahren werden, sollte man für einen stabileren Unterbau und eine größere Breite sorgen als bei einem Pfad längs des Rasens, der zur Staudenrabatte oder zum kleinen Teich führt. Den Garten schnurgerade in zwei Hälften teilen sollte ein Weg nicht, schon gar nicht, wenn er aus großen Platten besteht. Allerdings ist das im Kleingarten nicht immer zu vermeiden, zum Beispiel wenn es sich um den Zugang zu der im hinteren Teil befindlichen Laube handelt. Dann muß man rechts und links davon Blumenrabatten anlegen oder Sträucher pflanzen, damit keine Tristesse aufkommt.

Rasenbewuchs zwischen Vierkantsteinen machen den Weg lebendig

Natursteine

Wenn man sich für natürliche Materialien als Wegebelag entscheidet, sollten Hart- oder Urgesteine wie Granit, Gneis, Quarzit oder Porphyr gewählt werden. Die Beständigkeit von Kalkgestein oder Sandstein ist recht unterschiedlich. Je nach Beschaffenheit können sie nach relativ kurzer Zeit durch Witterungseinflüsse spröde und brüchig werden. Wer diese Risiken in Kauf nimmt, hat unter den beiden Natursteinarten allerdings eine reiche Auswahl an Farben und Strukturen.

Aber auch die unverwüstlichen Urgesteine sind nicht langweilig und werden im Baustoffhandel als Platten, Steine oder gespaltene Flußkiesel für Pflasterbeläge angeboten. Sie wirken durch ihre unterschiedliche Größe und die unebene Oberfläche lebendig und abwechslungsreich. Mit Naturpflastersteinen aus Granit gibt man seinem Weg einen nostalgischen Touch, ob man nun ein Kleinpflaster oder große Vierkantsteine wählt. Dasselbe gilt für ein Porphyr-Großpflaster; beide Steinarten kann man weitfugig verlegen, so daß nachträglich eingesätes Gras die Zwischenräume ausfüllt und dem Material viel von seiner Herbheit nimmt.

Ausreichend breite Wege sind für den Transport mit Schubkarren wichtig

25

Im Rasen verlegte Trittsteine sind unauffällig und stören wenig

Eine seitliche Begrenzung hält den Gartenweg sauber

Industriesteine

Riesengroß ist die Auswahl an Industrieprodukten aus Beton. Man kann Steine und Verbundsteine wählen, verschiedene Plattenbeläge aller Größen und Formate, eingefärbt oder mit Natursteingries beschichtet. Optische Varianten lassen sich außerdem noch durch Verlegetechnik und -muster schaffen oder durch die Verarbeitung unterschiedlicher Formate. Bei Rasengittersteinen und -platten wächst später Gras aus den Aussparungen hervor, wenn man die Löcher oder Schlitze nach dem Verlegen mit Erde gefüllt und Grassamen eingesät hat. Wer auf allzuviele glatte Steinflächen im Garten lieber verzichtet, findet hier eine akzeptable Alternative, die nicht weniger widerstandsfähig und stabil ist wie andere Industriesteinformen.

Holzpflaster

Schließlich ist noch ein Pflaster aus runden oder quadratischen Holzstücken möglich, deren Lebensdauer allerdings von der Güte der Imprägnierung und der Gartenlage abhängt. An schattigen, feuchten Plätzen sollten derartige Beläge nicht verwendet werden, auch der beste Holzschutz verliert seine Wirkung, wenn die Fasern nach einem Regen nicht schnell abtrocknen

können. In Gegenden mit kühlen, feuchten Sommern und in Gärten mit hohem Grundwasserstand sollte man auf weniger anfällige Produkte zurückgreifen.

Kies und Rinde

Kieswege, die früher die buchsgesäumten Beete der Bauerngärten voneinander trennten, sind etwas aus der Mode gekommen. Obgleich ein Kiesweg (man kann auch Schotter oder Splitt

Das Naturprodukt Holz – als Wegbelag verwendet – schafft eine gemütliche Atmosphäre

Kieswege, hier mit Sommerblumen gesäumt, waren früher sehr beliebt

verwenden) gefällig aussieht, hat er doch einige Nachteile. Zum einen ist er mit der Schubkarre schlecht befahrbar, zum anderen werden sich hier immer wieder Unkräuter breitmachen, die nur manuell, also durch Jäten oder Abhacken, entfernt werden können. Herbizide (Unkrautbekämpfungsmittel) einzusetzen, würde die angrenzenden Kulturen gefährden. Ähnliche Probleme gibt es mit einer Deckschicht aus zerkleinerter Baumrinde oder Rindenmulch, ein Material, das nicht zuletzt als Torfersatz immer häufiger in den Gärten verwendet wird. Bei Kies wie Rinde muß darauf geachtet werden, daß bereits der Unterbau eine leichte Wölbung von etwa 2 cm pro Meter Weg erhält, damit Regen- und Gießwasser abfließen können. Während man bei allen anderen Belägen auf eine seitliche Abgrenzung durch Kantensteine verzichten kann, sind sie hier unerläßlich. Wenn Kieselsteine in den angrenzenden Rasen geraten, wird das Mähen zu einem unbeabsichtigten Härtetest für das Messer – und mit harten Rindenbrocken verhält es sich nicht viel besser.

Mit einem Lattenrahmen, der der Größe und Form der Platten entspricht, kann man Betonsteine selbst herstellen. Eine Mischung aus 1 Teil Zement und 4 Teilen Sand wird in die Form gegossen und glattgestrichen. Nach etwa 2 Wochen können die Steine verlegt werden.

Wegebau

Normale Bodenbeschaffenheit und Belastung vorausgesetzt, ist die Erstellung von Gartenwegen mit den beschriebenen Materialien einfach und kann von jedermann im Do-it-yourself-Verfahren ausgeführt werden. Auf einen etwa 10 cm starken Unterbau aus Kies, Schotter, Schlacke oder anderen wasserdurchlässigen Materialien kommt, nachdem die Schicht festgestampft wurde, eine 5 cm dicke Lage Sand. Sie stellt das Bett dar, in das Platten oder Steine verlegt werden. Bei schwerem, lehmig-tonigem Boden muß die unterste Dränageschicht entsprechend dicker sein.

Hat man sich für einen Kiesweg entschieden, sollte der Unterbau schichtweise folgendermaßen zusammengesetzt werden: 5 cm Kies, 12 cm Schotter, eingeschlämmter Sand, bis er eine etwa 1 cm dicke, geschlossene Decke bildet, die dann den Kiesbelag trägt. Jede Schicht ist nach der Aufschüttung durch Feststampfen zu verdichten. Die schon erwähnte leichte Wölbung während des Aufbaus und die Kantensteine dürfen nicht vergessen werden.

Am einfachsten und optisch sehr ansprechend ist ein Pfad aus Trittplatten über den Rasen. Allerdings sollte auch dieser Weg nicht mitten und womöglich noch schnurgerade über die Fläche verlaufen, sondern mehr zum Rand hin angelegt sein. Zum Verlegen braucht man nur der Plattenform und -stärke entsprechende Rasensoden abzustechen und auszuheben, den Untergrund mit etwas Sand glattzuziehen und den Belag einzupassen. Er sollte bündig mit dem Niveau des Bodens abschließen.

Steinbeet und Trockenmauer

Die Größe eines Steinbeets spielt keine Rolle. Im Grunde genommen genügt schon ein halber Quadratmeter Fläche, den man mit einigen Steinen dekoriert und mit den entsprechenden, kleinbleibenden Gewächsen bepflanzt. Allein wichtig sind eine möglichst sonnige Lage und – vor allem – ein durchlässiger Untergrund. Es

Trockenmauer

Steingarten

Leinkraut, Linaria

wird eine 30 bis 40 cm tiefe Mulde ausgehoben, die man gut zur Hälfte mit Kies, Schotter, Ziegelbruch oder ähnlich durchlässigen Materialien als Dränageschicht füllt. Darauf kommt dann das Pflanzsubstrat aus humoser Gartenerde. Hierzu läßt sich der Aushub verwenden, den man bei schwerem Boden durch Zugaben von Sand und Torf den Bedürfnissen der Pflanzen entsprechend aufbereiten kann. Da die für das Steinbeet geeigneten Gewächse sich ihren Charakter als Wildpflanzen weitgehend bewahrt haben, sollte man zur Dekoration nur Naturmaterialien verwenden: Sandstein, Schiefer, Tuff, Granit oder Basalt beispielsweise. Die Größe der Steine muß der Kulturfläche angepaßt sein, das heißt, auf ein kleines Geviert gehören keine mächtigen Felsbrocken. So eine blühende Insel paßt überall hin und stellt stets etwas Besonderes dar, obgleich die Bewohner weder alpinen Regionen entstammen müssen noch besonders heikel in ihren Ansprüchen sind. Übrigens läßt sich ein Miniatursteingarten bereits in einem alten Trog installieren.

Die Trockenmauer ist nichts anderes als ein vertikal aufgebauter Steingarten, bei dem die Pflanzen in einem Minimum an Erde sitzen; es ist gerade soviel Substrat, wie in den Fugen Platz findet. Sofern sich das Beet nicht an eine natürliche Erhebung anlehnt, sollten nur wenige Steinlagen verbaut werden. Erstens sieht das besser aus als eine freistehende, hohe Mauer, zweitens gibt es dann keine Schwierigkeiten mit der Statik. Als Material kommen Natursteinquader, zum Beispiel aus Sandstein, in Frage, deren Auflageflächen einigermaßen eben sein müssen, damit das kleine Bauwerke stabil bleibt.

Man hebt zunächst eine der Mauerlänge entsprechende, flache Grube aus, glättet die Sohle und legt hier, eventuell in ein Sandbett, die erste Steinlage hinein – aus den größten Brocken. Es handelt sich gewissermaßen um das Fundament. Der weitere Aufbau erfolgt Lage für Lage, wobei man die Fugen nicht zu klein hält und am besten gleich mit Erde für die Bepflanzung füllt. Die Gewächse werden bereits während dieser Arbeit oder erst später, wenn alles fertig ist, eingesetzt. Die Schichtung der Steine, es können auch stärkere Bruchplatten sein, erfolgt so, daß die senkrechten Fugen stets versetzt sind, die waagerechten möglichst in einer Linie verlaufen. Man schichtet also nach dem gleichen Prinzip, nach dem eine Ziegelmauer hochgezogen wird.

Gedenkemein, Omphalodes

Seifenkraut, Saponaria

Von den vielen Pflanzen, die für das Steinbeet und die Trockenmauer in Frage kommen, können hier nur einige genannt werden. Man findet aber in jeder Staudengärtnerei ein umfangreiches Sortiment der unterschiedlichsten Gewächse. Und noch ein Tip: Wo es sich nicht vermeiden läßt, daß ein Teil des Steinbeets mehr Schatten abbekommt, als den meisten Pflanzen zuträglich ist, kann man auf Farne oder hübsche Efeuarten ausweichen, die zwar nicht blühen, aber in der Nachbarschaft anderer Kleinstauden sehr hübsch und dekorativ aussehen. Hier eine kleine Auswahl geeigneter Pflanzen, ihre Blütenfarbe und Wuchshöhe.

Stachelnüßchen *(Acaena)*, karminrot, 10 cm; Adonisröschen *(Adonis)*, leuchtend gelb, 25 cm; Steinkraut *(Alyssum)*, leuchtend gelb, 30 cm; Akelei *(Aquilegia)*, blau, 20 cm; Grasnelke *(Armeria)*, rosarot, 15 cm; Blaukissen *(Aubrieta)*, blau/rot, 10 cm; Glockenblume *(Campanula)*, blau, 10–30 cm; Nelke *(Dianthus)*, rot/weiß, 5–30 cm; Hungerblümchen *(Draba)*, gelb, 5–10 cm; Berufkraut *(Erigeron)*, blau/weiß, 15 cm; Storchschnabel *(Geranium)*, rosa/rot, 10–30 cm; Nelkenwurz *(Geum)*, rot, 15 cm; Sonnenröschen *(Helianthemum)*, gelb/weiß, 15 cm; Leberblüm-

chen *(Hepatica)*, blau, 10 cm; Schleifenblume *(Iberis)*, weiß, 10 cm; Leinkraut *(Linaria)*, blau, 10 cm; Lichtnelke *(Lychnis)*, rosa, 20 cm; Gedenkemein *(Omphalodes)*, blau/weiß, 15 cm; Bartfaden *(Penstemon)*, blau/rot, 10–20 cm; Fingerkraut *(Potentilla)*, gelb/rot, 10–20 cm; Kuhschelle *(Pulsatilla)*, blauviolett, 15–30 cm; Hahnenfuß *(Ranunculus)*, weiß/gelb, 5–25 cm; Seifenkraut *(Saponaria)*, rosa/weiß, 15 cm; Steinbrech *(Saxifraga)*, weiß/gelb/rot, 1–30 cm; Fetthenne *(Sedum)*, gelb/weiß, 5–10 cm; Hauswurz *(Sempervivum)*, rot/rosa, 3–15 cm; Kreuzkraut *(Senecio)*, orangegelb, 25 cm; Thymian *(Thymus)*, lila/rosa, 10–20 cm; Ehrenpreis *(Veronica)*, blau/rosa, 10–30 cm.

Gartenhaus

Die Uniformität mancher Kleingarten-Neuanlagen wird durch die Gleichförmigkeit ihrer Lauben besonders deutlich. Während früher die Gartenhäuschen meist im Eigenbau errichtet wurden, dominiert heute der Typ Einheitslaube. Nach dem Bundeskleingartengesetz darf eine Laube einschließlich Freisitz höchstens 24 m² Grundfläche haben. Ein festgelegter Rahmen zwar, der aber viel Spielraum für individuelle Entscheidungen läßt. Für Fertiggartenhäuser gibt es heute einen großen Markt, selbst über den Versandhandel sind einzelne Typen zu beziehen. Die Modelle reichen von der kleinen Hütte bis zum Komfortbungalow. Wenn man bei so vielen Parzellen unserer Kleingartenanlagen dennoch immer wieder auf dieselben Modelle stößt, liegt das nicht immer an den Einschränkungen durch die Satzung, sondern häufig einfach daran, daß diese Lauben über den Verein besonders preisgünstig bezogen werden können.

Wenn man davon ausgeht, daß wir es mit einem Fertighaus zu tun haben, ist von der Eigeninitiative vor allem die Inneneinrichtung betroffen. Was drumherum noch zu ergänzen und zu verbessern wäre, hängt vom Komfort und der Ausführung des bestellten Typs ab. Eventuell muß man zusätzliche Fensterläden anbringen, Fensterkreuze einsetzen, den Freiplatz mit einem ansprechenden Geländer versehen oder überhaupt erst bauen. Das Material sollte einfach und zweckmäßig sein, immer eingedenk der Tatsache, daß die Kleingartenlaube kein Wohnhaus ist und auch nicht sein darf.

Obgleich man sich hier im Winter nicht aufhalten wird, so sind es doch gerade die kühlen Frühjahrswochen und der Herbst, die die Anwesenheit des Gärtners erfordern. Man sollte die Laube also so gut es geht gegen eindringende Kälte isolieren. Das ist mit selbstklebenden Dichtungsstreifen aus Schaumstoff für Türen und Fenster, mit Dämmaterialien im Dachbereich, durch zusätzliches Einziehen von Wänden aus Nut- und Federbrettern und durch Ausschäumen undichter Stellen mit Silikonmasse aus der Kartusche auch dem Laien möglich.

Was Beleuchtung und Beheizung betrifft, entscheidet man sich am besten gleich für Propangas. Gasflaschen gibt es im Fachhandel zu kaufen, spezielle Lampen und Öfen sind nicht ganz billig, doch eine allemal lohnende Investition. Die Installationsarbeiten freilich müssen von einem Fachmann vorgenommen werden, der auch für die unerläßliche Be- und Entlüftung sorgt. Denn der Sauerstoffverbrauch durch die offenen Flammen ist in kleinen Räumen weitaus größer als man glaubt und macht kontinuierliche Zuführung von Frischluft erforderlich. Bei der

Gemütliche Laube

Beleuchtung kann man zur Not auch auf Batteriebetrieb oder Petroleumlampen ausweichen, doch wer außer der Heizung auch noch einen kleinen Kühlschrank in Betrieb nehmen möchte, kommt ohne Gas ohnedies nicht aus. Verderbliche Nahrungsmittel sind im Hochsommer an einem kühlen Platz am besten aufgehoben.

Eine andere Möglichkeit wäre die Anlage eines »Erdkellers«. Das ist nichts anderes als eine genügend tiefe und geräumige Grube direkt am Haus, die mit Styroporplatten ausgekleidet und mit einer isolierenden Holzklappe verschlossen wird. Im Winter steht damit zugleich ein kleines Obstlager zur Verfügung, das in unseren Stadtwohnungen mit ihren warmen Kellern meist fehlt.

Für die Gartengeräte genügt den Sommer über ein kleiner, durch ein Regendach geschützter Anbau. Im Winter räumt man Harke, Hacke, Spaten, Eimer, Kannen und so weiter ins Haus. Wer hier, wie auch am Geräteverschlag, eine Regenrinne mit Fallrohr angebracht hat, verfügt über eine zusätzliche Wasserquelle, und gerade davon kann man im Garten nicht genug haben. Unauffällige, grüne Regentonnen bietet der Fachhandel ebenso an wie optisch sehr ansprechende Sammelbehälter aus auf Spanndraht aufgezogenen Holzlatten mit einer eingehängten starken Folie zum Aufbewahren des kostbaren Nasses. Das Fassungsvermögen reicht von 250 bis 2000 l.

Massiv-Gartenhaus

Fertighaus

Besondere Gartenformen

Gerade in einem relativ kleinen Garten tut man sich etwas schwer, für Abwechslung zu sorgen. Während in einer großräumigen Anlage der vorhandene Platz geradezu danach verlangt, mit unterschiedlichen Bepflanzungen gefüllt zu werden, kann sich die Vielfalt des Schrebergartens nur im Miniformat präsentieren. Dabei wird häufig die Wirkung von ein oder zwei geschickt genutzten und originell bepflanzten Quadratmetern unterschätzt. Vom Steingarten oder der kleinen Trockenmauer wurde bereits gesprochen. Was aber gibt es sonst für Möglichkeiten, an bestimmten Plätzen im Garten etwas nicht Alltägliches anzusiedeln, das den Betrachter in Erstaunen versetzen und mit Überraschungen aufwarten könnte?

Insektengarten

Es wurde bereits darauf hingewiesen, daß es in einer Gemeinschaftsanlage etwas problematisch ist, einen Naturgarten anzulegen; nicht jedem Nachbarn wird der Wildwuchs recht sein. Einen kleinen Schritt in diese Richtung kann man jedoch bereits bei der Planung tun, ohne dadurch

Blühende Kräuter ziehen Insekten magisch an

Mißfallen zu erregen. Werden zum Beispiel verschiedene Küchenkräuter angebaut, erweisen wir nicht nur uns und unserer Gesundheit einen Gefallen, sondern helfen auch Bienen, Hummeln, Schmetterlingen und vielen anderen Insekten. Der Duft der blühenden Kräuter zieht sie magisch an, mehr noch als die Blütenfarben. Besonders attraktiv für Insekten sind Thymian, Quendel, Bergbohnenkraut, Tripmadam, Borretsch, Salbei, Zitronenmelisse, Lavendel, Ysop, Basilikum und Rosmarin. Löffelkraut gedeiht am besten im Halbschatten; die nach Honig duftenden, weißen Blütchen erscheinen bereits im März. Ebenfalls an einem Platz im Halbschatten wachsen Estragon, Liebstöckel und Schnittlauch. Für sonnenliebende, winterharte und ausdauernde Kräuter sollte man bereits bei der Planung und Bodenvorbereitung einen Extraplatz, eine »Sonnenhalde« reservieren. Darunter versteht man einen natürlichen oder einen künstlich angelegten Hang mit steiniger, ziemlich nährstoffarmer Erde. Lehmiger oder humoser Boden muß nach tiefer Lockerung mit reichlich grobem Sand und Kies gemischt werden. Von Natur aus durchlässiger, armer, steiniger Boden bekommt in Extremfällen etwas Kompost oder gute Gartenerde beigemischt. Hier kann man den Kräutern je nach Lust und Möglichkeiten dann noch weitere Insektenpflanzen mit ähnlichen Bodenansprüchen zugesellen: wilde Malve, Schafgarbe und Königskerze beispielsweise, die gleichzeitig ansehnliche Blütengewächse sind.

Der kleine Wüstengarten

Der sonnigste Gartenplatz ist für Durstkünstler unter den Stauden gerade gut genug. Dort, wo alle anderen Pflanzen versagen, entfalten sie erst ihre volle Schönheit. Dazu kommen die oftmals exotisch anmutenden Blüten. Bei geschickter Artenwahl gibt es hier vom Frühjahr bis in den Herbst hinein etwas zu sehen. Da stehen Mittagsblumen aus Südafrika, winterharte Feigenkakteen aus Nordamerika, Sternwurzgewächse aus Ostasien und die altbekannten Hauswurze aus Europa einträchtig nebeneinander. Wer will, kann das Sortiment der zahlreichen Blütenpflanzen mit Gräsern und vielen anderen trockenliebenden Schönheiten ergänzen. Dazu können

Steinbrech, Saxifraga

Mittagsblume, Dorotheanthus

noch Distelarten und die winterharte Yucca aus Mexiko gepflanzt werden. Viele dieser Gewächse sind immergrün und bilden deshalb einen ganzjährigen Gartenschmuck. Die unterschiedlichen Wuchseigenschaften sollte man bereits bei der Pflanzung berücksichtigen und dort, wo zwangsläufig Zwischenräume entstehen, dekorative Steine einfügen. Überhaupt ist auf die

33

Vergißmeinnicht, Myosotis

Steingarten

Rittersporn, Delphinium

Anlage eines Wüstengartens einige Sorgfalt zu verwenden. Dabei muß die Pflanzerde nicht unbedingt so qualitativ wertvoll wie im übrigen Garten sein. Auch auf humose Zusätze wie Torf kann hier meist verzichtet werden. Wichtig ist eine sehr durchlässige Erde, was man durch das Beimischen von Sand und Kies erreicht. Bei besonders verfestigten Böden lohnt der Einbau einer einfachen Dränage, durch die überschüssiges Wasser abfließen kann. Stauende Nässe ist für die hier angesiedelten Gewächse tödlich.

Jede Pflanzung gewinnt, wenn sie großflächig vorgenommen wird. Das sollte man auch beim kleinen Wüstengarten beherzigen und, wo es möglich ist, Gruppenpflanzungen bevorzugen. Die Wuchs- und Blütenhöhe muß dabei freilich Berücksichtigung finden, damit nicht hohe Gewächse vor niedrige zu stehen kommen und sie verdecken. Das Gießen besorgt hier der Regen, und auch sonst hält sich die Pflege des Wüstengartens in Grenzen. Es ist lediglich auf Unkraut und auf Schnecken zu achten, die Neutriebe und Knospen gefährlich werden können. Wer es besonders gut meint, gibt zwischen April und Juli alle zwei Wochen an einem Regentag eine Nährlösung von einem Eßlöffel Superphosphat auf 10 l Wasser. Das sorgt für gedrungenen, natürlichen Wuchs und reiche Blüte.

Die blaue Ecke

Es kann genausogut jede andere Farbe gewählt werden, Blau wurde hier nur als Beispiel genommen. Ein wenig Farbsinn für derlei in einem einzigen Ton gehaltene Partien ist schon notwendig. In der blauen Gartenecke versammeln wir also in Blautönen blühende Blumen und Gehölze. Unter einer blaurispigen Buddlejae beispielsweise blühen Glockenblume, Lavendel und Salbei. Im Frühjahr stehen dort Vergißmeinnicht, Gedenkemein, dunkelblaue Stiefmütterchen mit hellblauen Sorten dazwischen und blau blühende Zwiebelblumen. Auch zwergige Nadelgehölze mit silberblauem Kleid passen hierher. Als Zwiebelblumen wird man frühblühende Zwergiris und blauviolette Krokusse wählen. Traubenhyazinthen gibt es nicht nur mit einfachen, sondern auch mit dicht gefüllten, buschigen Blütenständen. Im September verblühen die Sternglockenblumen und werden abgelöst von blauen Herbstastern. Umranden kann man die Gartenecke mit Blauminze oder im Frühling blühendem Blaukissen. Akelei blüht im Mai, bevor der Rittersporn seine Sommerkerzen anzündet. Wer sich weniger Mühe machen möchte, deckt den Boden hier mit blaublühendem Immergrün, läßt Waldrebe an einem Gerüst hochwachsen und setzt einen Fliederbusch. Wo es warm und geschützt ist, kann man es mit einer Besonderheit, der Säckelblume (Ceanothus), versuchen. Es handelt sich dabei um einen Zierstrauch mit intensiven blauen Blütendolden von Juli bis Oktober. Wie gesagt, dies alles läßt sich auch mit anderen Farbtönen verwirklichen, nur stellt Blau im Garten immer etwas Besonderes dar.

Sukkulentenbeet

Winterharte Freilandkakteen und andere Sukkulenten sind seltene Gäste in unseren Gärten. Das kommt daher, daß kaum jemand es wagt, seine Opuntien und einige gleichfalls frostbeständige Kugel- oder Säulenkakteen im Garten auszupflanzen. Gerade bei Opuntien läßt sich in dieser Beziehung nicht viel falsch machen, sie halten es von allen Kakteen am besten in der Kälte aus. Es gibt große und kleine Formen dieser Glieder- oder Feigenkakteen, dünne und dicke, mit weißen, grauen oder braunen Stacheln besetzte. Manche haben nur Borsten oder weiße Haare, andere drohen mit spitzen Dolchen oder besitzen blattartige Stacheln. Wir kennen niederliegende und zwergige, hochwachsende, grüne, blau bereifte und hellgelbe Arten mit zierlichen Walzen und solche mit tellergroßen Gliedern. Opuntien kann man auch recht gut in den Steingarten integrieren, hier läuft Regen- und Schmelzwasser schnell ab, der Boden wird bald wieder trocken. Wie bereits gesagt – Staunässe ist für diese Gewächse der größte Feind.

Der vor Feuchtigkeit geschützte Streifen an der Laubenwand oder unter dem vorspringenden Dach eignet sich besonders gut für ein Kakteen- und Sukkulentengärtlein, sofern er genügend von der Sonne beschienen wird. Hier ist es fast immer trocken, warm, und die Bewässerung kann ganz nach Bedarf dosiert werden. Neben Opuntien können hier Mauerpfeffer (Sedum) mit seinen zahlreichen Gartenformen und Varietäten, die schon erwähnten Hauswurzarten (Sempervivum), Levisien (Lewisia), Mittagsblumen (Delosperma) und winterharte Agaven ihr Quartier finden. Mit Sand, Kies und größeren Natursteinen läßt sich eine hübsche, abwechslungsreiche Kakteenlandschaft gestalten.

Winterharte Kaktee (Opuntia)

Nutzgarten

Welches Gemüse man bevorzugt und wieviel man benötigt, hängt von den eigenen Vorlieben ebenso ab wie von der Größe der Familie. Für Selbstversorgung ohne Zukauf ist die Fläche zu klein, reiner Gemüseanbau zudem in der Gemeinschaftsanlage als Teil des öffentlichen Grüns nicht gestattet. Angesagt ist, was möglichst frisch auf den Tisch gelangen soll und solches Gemüse, das man in Folgesaaten mehrmals ernten kann. Außer sogenanntem Fein- oder Fruchtgemüse wie Gurke, Tomate und Bohne kommen verschiedene Salate und andere Blatt-lieferanten sowie Wurzelgemüse in Frage. Darüber hinaus kann man interessante Versuche mit nicht alltäglichen Gartenerzeugnissen machen. Weil davon auszugehen ist, daß es mit dem Anbau von Salat, Radieschen & Co. kaum Schwierigkeiten gibt, sollen hier einige dieser selteneren Kulturpflanzen sowie Fruchtgemüse, ihre Kultur und Ansprüche behandelt werden. Wo eine warme Anzucht notwendig ist, läßt sie sich daheim am Fenster vornehmen, eventuell in einem kleinen, beheizbaren Vermehrungsbeet.

Beete

Das Einzelbeet sollte nicht breiter als 1,20 m sein, damit man ohne Verrenkungen die Mitte der Anbaufläche von beiden Seiten erreichen kann. Die Lage richtet sich nach den örtlichen Gegebenheiten. Die Wege zwischen den Beeten sollten so breit sein, daß man die Füße auf ihnen quer stellen kann. Ob man als Abgrenzung ein-

Nutzgarten

36

Bohnen benötigen einen nahrhaften und humosen Boden. Nährstoffe werden in Form von Kompost und organischen Düngern ausgebracht

aber am einmal festgelegten Beetschema kaum mehr Veränderungen. Neuverlegen des schweren Belags ist mühselig, kann aber notwendig werden, wenn man Varianten im Anbauplan vornimmt. Bretter und Lattenroste lassen sich nach Bedarf verlegen, sind in nassem Zustand jedoch glitschig und von nur recht begrenzter Lebensdauer.

Mischkultur

fache Erdpfade wählt oder sich für einen Belag aus Platten, Brettern beziehungsweise Lattenrosten entscheidet, ist Ansichtssache. Auf nicht befestigten Wegen sammelt sich Gieß- und Regenwasser, bleibt auf dem verfestigten Boden in Pfützen stehen und erfordert kräftiges Schuhwerk. Plattenwege sind zwar sauber, gestatten

Auch wenn man sich nicht an die Grundsätze des biologischen Gartenbaus hält, sollte man dennoch keine Monokultur betreiben. Dazu bedarf es nicht unbedingt streng ausgetüftelter Anbaupläne. Man tut den Pflanzen und dem Boden bereits einen Gefallen, wenn ein einfacher Beetwechsel vorgenommen wird, das heißt, es

Mischkultur: Radieschen stehen gut mit Pflücksalat und Kohlrabi

werden nicht auf denselben Platz, auf dem in diesem Jahr Möhren wuchsen, in der nächsten Vegetationsperiode wieder Möhren gesetzt. Wer sich etwas eingehender mit den Verträglichkeiten und Abneigungen der Pflanzen untereinander beschäftigt, kann auf ein und demselben Beet Mischanbau betreiben. Das ist kein Zaubermittel, um die Erträge zu steigern, hält aber den Boden gesund und macht möglicherweise diesem oder jenem Schädling das Leben auf den Kulturen etwas weniger angenehm. Die folgenden Mischkulturmöglichkeiten, die der Berliner Gartenbaufachmann Paul Gerhard Wilhelm zusammengestellt hat, sollen nur Anregung sein und können aufgrund eigener Erfahrungen sicherlich erweitert werden.

● Dill steht gut mit Erbse, Kohl, Kopf-, Pflück- und Schnittsalat, Möhre und Zwiebel. Möhren- und Zwiebelfliegen mögen keinen Dill.

● Gartenkresse fühlt sich wohl in der Nähe von Kohlrabi, Radieschen, Schwarzwurzel und Spinat. In Reihen – nicht zu dicht – säen, 1 cm hoch mit Erde bedecken und andrücken. Kresse vertreibt Erdflöhe und Läuse.

● Knoblauchzehen im Abstand von 10 cm und 4 bis 5 cm tief stecken; Reihenabstand 20 cm. Gute Nachbarpflanzen sind Dill, Erdbeere, Möhre. Läuse, Raupen und Schnecken lieben den Knoblauch nicht.

● Kohlrabi (frühe Sorten) mit 25 cm Abstand pflanzen. Zwischen den Reihen kann in den Lücken Kopfsalat stehen. Beide fördern sich gegenseitig.

● Kopfsalat (frühe Sommersorten) steht am günstigsten zwischen Kohlrabi, wo er gegen Erdflöhe wirkt. Andere gute Nachbarn sind Dill, Erbse, Kohl, Möhre, Porree, Radieschen, Schwarzwurzel und Spinat. Das gilt auch für Pflück- und Schnittsalat.

● Lauch oder Porree vertreibt die Möhrenfliege. Herbstsorten werden zum Würzen verwendet. Eine Reihe genügt, sie liefert gleichzeitig Setzlinge. Bevorzugte Nachbarn sind Erdbeere, Feldsalat, Kopfsalat, Kohlrabi, Möhre und Schwarzwurzel.

● Möhren früher und mittelfrüher Sorten mit 20 bis 25 cm Reihenabstand 2 bis 3 cm tief und

Zwiebeln und Möhren fördern sich gegenseitig

ebenso weit säen, am besten mit Pillensaatgut. Sie haben eine gute Wirkung gegen die Zwiebelfliege. Nachbarn sind Dill, Erdbeere, Erbse, Knoblauch, Mangold, Porree, Salat, Schwarzwurzel, Spinat, Radieschen, Zwiebel.

● Puffbohnen möglichst in Einzelreihen etwa 10 cm weit und 5 cm tief legen, Reihenabstand 50 cm. Gute Nachbarn: Feldsalat, Gartenkresse, Kerbel, Möhre, Kartoffel, Kohlgewächse, Spinat und Bohnenkraut.

● Radieschen und Rettich (frühe Sorten) haben weniger unter Erdflöhen zu leiden, wenn sie zwischen Gartenkresse, Kerbel, Petersilie, Salat oder Spinat stehen. Radieschen 1 cm tief, 4 bis 6 cm weit säen; Rettich 2 cm tief und 6 bis 8 cm weit. Sie werden durch Nachbarn wie Erbse, Erdbeere, Kohlrabi, Kopfsalat und Mangold gefördert.

● Spinat hält Erdflöhe ab. Gegenseitige Förderung durch Erdbeere, Gartenkresse, Kohl, Kohlrabi, Möhre, Radieschen und Rettich.

● Zwiebeln wirken gegen Läuse, Möhrenfliege, Raupen, Schnecken, Pilze. Reihenabstand beträgt 15 bis 20 cm, die Saatweite 1 bis 2 cm. Steckzwiebeln mit 10 bis 20 cm Abstand stecken, bis zur Zwiebelspitze einsenken. Gute Nachbarn sind Dill, Erdbeere, Feldsalat, Kopfsalat, Möhre, Petersilie, Schwarzwurzel.

Feingemüse

Es soll nicht behauptet werden, daß die im folgenden behandelten Gemüsearten sich samt und sonders durch ihren exquisiten Geschmack als Delikatessen präsentieren; manch einer zieht die gute, alte Kartoffel immer noch allem anderen vor. Gurke, Tomate oder Bohne sind heute zudem in den meisten Hausgärten anzutreffen und nichts Besonderes mehr. Sie werden hier dennoch mit aufgeführt, weil ihre Kultur etwas mehr Aufmerksamkeit erfordert als beispielsweise die von Rettichen oder Kopfsalat. Arten, die am besten im Gewächshaus aufgehoben sind, wie Auberginen und Melonen, wurden ebensowenig berücksichtigt wie viel Platz beanspruchende Pflanzen, zu denen die Artischocke gehört. Da es sich bei ihr aber gleichzeitig um eine imposante Blütenstaude handelt, kann sie gut als Schmuckpflanze, eventuell in einer Gruppe von vier oder fünf Exemplaren, auch im Ziergarten ihren Platz finden.

Blattgemüse

Bindesalat

Dieses auch als Römischer Salat bekannte Blattgemüse wird meist ähnlich Spinat gegart und als Beilage gegessen. Wer die Möglichkeit hat, kann die Pflänzchen ab März warm heranziehen und ab April auspflanzen oder von April bis Anfang Juni direkt aufs Beet säen. Der Pflanzenabstand beträgt 30 x 30 cm. Neuere Sorten brauchen nicht mehr zusammengebunden zu werden, sie bilden selbständig lockere Köpfe, so daß die Innenblätter zart und saftig bleiben.

Chicorée

Es handelt sich hier um die gebleichte Form des Fleischkrauts. Auch der bekannte Radicchio gehört in die Zichoriengruppe. Chicorée wird in der ersten Maihälfte, keinesfalls vor Anfang des Monats, in 30 cm voneinander entfernte Reihen ausgesät und später auf 20 cm Abstand vereinzelt. Von Ende Oktober an gräbt man die Wurzeln vorsichtig mit der Grabegabel aus, läßt sie mitsamt den Blättern noch eine Woche an schattiger Stelle im Freien liegen und schneidet dann erst die Blattschöpfe 2 bis 3 cm über dem Strunk ab. Während dieser Zeit holen sich die Rüben

Bindesalat (Römischer Salat)

Anzucht von Chicorée

wichtige Aufbaustoffe aus dem Laub zurück. Was nicht sofort in der Treiberei Verwendung findet, läßt sich in Sand frostfrei einlagern.

Zum Treiben mit Deckerde nimmt man einen Plastikeimer oder ein anderes, wasserundurchlässiges Gefäß, das aber einige Abflußlöcher haben sollte. Zur Not geht auch ein fester, mit Folie ausgelegter Karton. Auf den Boden kommt eine Schicht Sand oder Erde, damit die senkrecht nebeneinander stehenden Wurzeln Halt finden. Vorher werden sie auf etwa gleiche Länge eingekürzt. Zwischen die Rübenköpfe wird nun Erde gefüllt, bis die Köpfe etwa 2 cm dick damit bedeckt sind. Bei Chicoréesorten zum Treiben ohne Deckerde stehen die Wurzeln locker

Salatchrysantheme Chop Suey

Chicorée-Treiberei

nebeneinander auf der Erdunterlage und werden nicht bedeckt. Hierfür ist absolute Dunkelheit erforderlich. Deshalb wird das Gefäß mit schwarzer Folie geschlossen oder ein zweiter Eimer darübergestülpt. Die Treibtemperatur liegt zwischen 10 und 16°C; je wärmer es ist, desto schneller bilden sich die begehrten weißen Blattschöpfe. Bei zu hohen Temperaturen gibt es allerdings nur lose, grüne Blätter.

Salatchrysantheme

Blüten wie junge Triebe lassen sich in der Küche verwenden. Die gelben Blüten werden wie Holunder in Teig getaucht und in Öl gebacken. Vor allem aber sind es die zarten Triebe und Blätter, die vor dem Flor geerntet werden. Man schneidet sie in kleine Stücke und fügt sie als Würze mit ausgeprägtem, aromatischem Geschmack anderen Rohkostsalaten bei oder kocht sie ähnlich Spinat.

Die Freilandaussaat erfolgt ab Mitte April in Reihen mit 30 cm Abstand und 10 cm von Pflanze zu Pflanze nach dem Vereinzeln. Mit 1 m Höhe und großen, gelben Blüten sind diese einjährigen Chrysanthemen gleichzeitig auch ansehnliche Ziergewächse. Nur bei anhaltenden Trockenperioden sind die Pflanzen zu wässern.

Gartenmelde

Gartenmelde

Als Unkraut ist uns dieses Gewächs nur zu gut bekannt; dabei handelt es sich bei der Art *Atriplex hortensis* um eine Gemüsepflanze, die man schon in der Antike zu schätzen wußte. Die Zubereitung des bis zu 2 m hohen Gewächses erfolgt wie bei Spinat.

Man sät von Frühjahr bis Herbst mit 30 cm Reihenabstand und vereinzelt nach dem Keimen auf 20 cm Abstand in der Reihe. Oktobersaaten sorgen für erstes frisches Grün im Frühjahr, denn die Samen überwintern, um dann im nächsten Sommer in Blüte zu gehen. Geerntet werden Blätter und Blattrosetten vor der Blüte, Samenbildung ist durch Ausbrechen des Blütenstandes zu vermeiden.

Kapuzinerkresse (vorn)

Mangold

Löwenzahn-Treiberei unter Folie

Kapuzinerkresse

Die Samenkapseln dieses als rankende Zierpflanze geschätzten Blütengewächses werden schon seit altersher als Ersatz für Kapern in der Küche verwertet. Aber auch die würzigen Blätter ergeben – ähnlich Kresse – einen Salatzusatz oder Brotbelag.

Die Freilandsaat führt man ab Mitte Mai an einer sonnigen Stelle durch, zum Beispiel dem Terrassenhang oder vor einem Zaun, an dem die Pflanzen hochklettern können. Man sät in kleinen, etwa 20 cm voneinander entfernten Horsten mehrere Körner aus. Die Blättchen kann man dann den ganzen Sommer über nach Bedarf schneiden. Die Blüte – in Gelb- und Orangetönen – erscheint von Juni bis September.

Löwenzahn

In Frankreich eine Delikatesse, die in den besten Restaurants serviert und auf den Wochenmärkten angeboten wird, kennen wir Löwenzahn vor allen Dingen als lästiges Rasenunkraut oder als »Pusteblume«, an der die Kinder ihren Spaß haben.

Auch hier gilt der übliche Reihenabstand von 30 cm und 10 cm Pflanzenweite nach dem Vereinzeln. Aussaatmonate sind April und Mai, Erntezeit ist das folgende Frühjahr, wenn sich die neuen, zarten Triebe zeigen. Man kann aber auch im Februar die noch ruhenden Pflänzchen mit Eimern, festen Kartons oder Töpfen abdecken und abwarten, bis die weißgelben Blätter erscheinen, die dann besonders zart und saftig sind. Außerdem läßt sich Löwenzahn, wenn die langen Pfahlwurzeln im Spätherbst ausgegraben werden, den Winter über genauso wie Chicorée antreiben.

Mangold

Man unterscheidet zwischen Blatt- und Stielmangold. Bei Blatt- oder Schnittmangold werden Blätter und Stiele wie Spinat zubereitet, vom Stielmangold verwendet man nur die breiten Blattstiele und -rispen und kocht sie wie Spargel.

Die Aussaat bei beiden Formen erfolgt im April und Mai in Reihen mit 30 cm Abstand, nach dem Verziehen (Vereinzeln) steht Blattmangold 10 cm voneinander entfernt, Stielmangold wegen der größeren Blätter etwa 30 cm. Beim Schnittmangold sind mehrere Ernten möglich, da nach dem Abschneiden wieder neues Laub nachwächst. Bei Stielmangold geht das ebenfalls, sofern jeweils nur die äußeren Blätter mit den dicksten Stielen abgenommen werden.

Neuseeländer Spinat

Botanisch gesehen hat diese frostempfindliche, einjährige Pflanze mit Spinat nichts zu tun. Eine Aussaat ist im April unter Folie oder Tunnelabdeckung, ab Mitte Mai auf dem ungeschützten Beet möglich. Es wird empfohlen, die hartschaligen Samen vorher eine Nacht in Wasser einzuweichen. Wegen der langen Keimdauer und weil Jungpflanzen selten erhältlich sind, lohnt sich hier eine warme Vorkultur auf dem Fensterbrett. Dazu legt man Anfang April jeweils drei Körner in einen Topf und verwendet später nur die kräftigste Pflanze.

Auf dem Beet beträgt der Abstand 50 x 50 cm oder mehr. Die Pflanzen werden sehr umfangreich und entwickeln viel Blattmasse. Geerntet werden etwa ab Juli fortlaufend bis zum Frostbeginn die jungen Blätter und Triebspitzen. Mit einer Folienabdeckung kann man die Erntezeit verlängern.

Winterportulak

Botanisch heißt er *Montia perfoliata* und hat mit dem »richtigen«, sehr wärmebedürftigen und daher schwierigen Portulak *(Portulaca oleracea)*, nur die Familie der Portulakgewächse gemein. Da *Montia* sogar im Winter, wenn es nicht gar zu kalt ist, weiterwächst, ist sie ein vorzügliches Salatgemüse für die kalte Jahreszeit. Winterportulak kann aber auch wie Spinat zubereitet werden.

Zwei Aussaatzeiten sind möglich: für Sommerernte der April, für den Winterertrag die Monate Juli bis September. Man sät dünn in 15 cm voneinander entfernte Reihen, ohne später zu vereinzeln. Ab Spätherbst wird geschnitten, und

Neuseeländer Spinat

Winterportulak

zwar immer die ganze Pflanze, von der man dann die Blätter in der Küche verwendet. Kommt es zu Selbstaussaat, taucht der Winterportulak im nächsten Jahr als Unkraut im ganzen Garten auf. Schützt man die Pflanzen in der kalten Jahreszeit mit Folien- oder Tunnelabdeckung, läßt sich frisches Grün auch an frostfreien Tagen schneiden.

Sauerampfer

Ähnlich dem Löwenzahn wird er anderswo als Delikatesse geschätzt, bei uns allenfalls wild gesammelt. Er läßt sich für Mischsalate, denen er einen angenehmen, pikant-säuerlichen Geschmack verleiht, ebenso verwenden wie für Zugaben an Suppen oder Soßen. Man kann von April bis Juni in Reihen oder breitwürfig aus-

Sauerampfer

Radicchio

Winterendivie

säen, Reihen- und Pflanzenabstand 25 cm. Geerntet werden nur die Blätter, ohne das Herz der Pflanze zu verletzen, damit ein Neuzuwachs erfolgt.

Radicchio

Die Aussaatzeit dieser rotblättrigen, knackigen Zichorie beschränkt sich auf die Zeit von Mitte Juni bis Ende Juli. Der Reihenabstand beträgt 30 cm, in der Reihe wird auf 20 cm vereinzelt. Die Sorte ›Roter Veroneser‹ ist nicht winterhart und bildet im Herbst die begehrten, rotblättrigen Köpfe. ›Roter von Verona‹ bleibt den Winter über auf dem Beet, und man erntet im zeitigen Frühjahr die Köpfchen der Neutriebe. Allerdings ist die Frosthärte nicht ganz sicher, vor allem Kahlfröste ohne schützende Schneedecke setzen

den Pflanzen zu. Wer es dennoch versuchen will, sollte erst Ende Juli aussäen und auf einen warmen Herbst zum Ausreifen hoffen.

Winterendivie

Wegen seines herbfrischen, manchmal leicht bitteren Geschmacks hat dieses Salatgemüse bei uns immer mehr Freunde gefunden. Ausgesät wird von Mitte Juni bis Mitte Juli direkt aufs Beet, entweder breitwürfig oder in 30 cm voneinander entfernte Reihen. Der Endabstand der Pflanzen sollte etwa 30 x 30 cm betragen. Die Ernte fällt in den September, kann aber mit Abdeckung durch einen Folientunnel bis in den Dezember ausgedehnt werden. Die Endivie verträgt einige Frostgrade. Eine Lagerung der Köpfe mitsamt den Wurzeln in feuchtem Sand oder Torf ist möglich, sofern die Temperatur im Kellerraum nicht wesentlich über 3 oder 4° C liegt. Häufiges Lüften fördert die Lagerfähigkeit.

Kohlgemüse

Brokkoli

Nahe verwandt mit dem Blumenkohl, unterscheidet er sich von diesem durch die lockere Kopfform. Gegessen werden die Blütenstände, bevor sich die Einzelblütchen geöffnet haben. Von April bis Mitte Juni wird direkt aufs Beet gesät oder gepflanzt; der Endabstand beträgt 50 x 50 cm. Entsprechend weit voneinander entfernt müssen die Reihen gezogen werden. Brokkoli verlangt einen nährstoffreichen Boden, der etwa einen Monat nach der Pflanzung noch einmal 30 g/m² mineralischen Volldünger oder etwas mehr organischen Dünger erhalten sollte. Mit der Ernte darf man nicht warten, bis bei den Blütenständen eine Gelbfärbung den Beginn des Flors anzeigt. Die Sprossen mit den kleinen Köpfen werden geschnitten, solange sie noch grün sind.

Brokkoli

Chinakohl und Pak Choi

Beide Kohlarten stammen aus Ostasien, beide sind miteinander verwandt und werden auf die gleiche Weise kultiviert. Die Aussaat erfolgt in der zweiten Julihälfte direkt aufs Beet. Chinakohl wird später auf 40 x 30 cm ausgedünnt, Pak Choi auf 30 x 30 cm. Frühere Aussaat bringt nichts und führt nur dazu, daß die Langtagspflanzen zu schießen beginnen. Geerntet wird ab Oktober. Da Chinakohl einige Frostgrade aushält, kann man die länglichen Köpfe bis in den Dezember hinein schneiden. Pak Choi hat eine etwas kürzere Kulturzeit und liefert als wertvollsten Teil die dickfleischigen Stengel; aber auch die Blätter können gedünstet gegessen werden. Beide Gemüse sollten in trockenen Sommern reichlich Wasser erhalten. In einem kühlen, luftigen Keller, auf Holzgestellen gelagert, ist Chinakohl einige Wochen haltbar. Unsere modernen Keller sind dafür jedoch meist zu warm und zu lufttrocken.

Pak Choi

Chinakohl

Grünkohl

Salatgurke

Grünkohl

Merkwürdigerweise hat diese herzhafte Kohlart, ein in Norddeutschland traditionelles Wintergemüse, südlich des Mains bis heute nicht recht Fuß fassen können. Nicht zu klein geschnitten und gedünstet, ergeben die meist gekrausten Blätter eine kräftige Gemüsebeilage, vor allem zu Fleischgerichten.

Aussaatmöglichkeiten bestehen von Mitte Mai bis Ende Juni, gepflanzt wird von Ende Juni bis Ende Juli mit einem allseitigen Abstand von 50 cm; die Ernte fällt in den Winter. Man kann die Blätter auch schon früher schneiden, doch erhöht Frosteinwirkung den Geschmack. Bis zum Frühjahr liefert dieser Kohl frische Grünkost direkt vom Beet. Allerdings muß man dann den Einzelpflanzen genügend Blätter lassen, also nicht den ganzen Kopfteil abschneiden.

Fruchtgemüse

Gurke

Während Schlangen- oder Salatgurken früher fast ausschließlich unter Glas angebaut werden konnten, gibt es heute robustere Sorten, die auch eine Freilandkultur gestatten. Möglich ist die Anzucht auf dem Fensterbrett Anfang April oder Direktsaat beziehungsweise Pflanzung ab dem letzten Maidrittel aufs Beet. Entweder baut man Gurken in 40 cm voneinander entfernten Horsten mit jeweils zwei Pflänzchen pro Pflanzstelle an, oder man wählt Reihenkultur, wobei der Abstand von Pflanze zu Pflanze 30 cm betragen sollte.

Gurken haben einen hohen Nährstoffbedarf, sind aber salzempfindlich. Daher ist eine Versorgung mit organischen Düngern angebracht, am besten mit garteneigenem Kompost oder, wo erhältlich, mit gut verrottetem Stallmist. Eine entsprechende Vorbereitung des Beets im Herbst wirkt sich vorteilhaft auf das Fortkommen der Pflanzen aus. Während der Wachstumszeit, besonders aber wenn sich die Früchte ausbilden, kann mit einer schwachen Mineraldüngerlösung von 20 g/m² nachgeholfen werden. Bei den wärmeliebenden Gurken hat sich eine Pflanzung auf schwarze Folie gut bewährt, in sehr kühlen

Gegenden sollte zusätzlich mit einer Schlitzfolie abgedeckt werden.

Da Gurken zu den Rankpflanzen gehören, lohnt sich ein platzsparender Anbau an einem senkrechten, mit Maschendraht bespannten Gerüst oder einem Holzrahmen. Zwei kräftige, in den Boden geschlagene Pfähle, an denen man das Drahtgeflecht mit Krampen befestigt, sind bereits ausreichend. Selbstverständlich lassen sich Gurken auch im Frühbeetkasten kultivieren.

Okra

Die alte Bezeichnung *Hibiscus esculentus* deutet bereits an, daß dieses Malvengewächs mit dem als Zierpflanze bekannten Eibisch verwandt ist. Gegessen werden die zu Schoten ausgebildeten Fruchtstände, wenn sie etwa 10 cm lang sind. Man bereitet sie gekocht oder gedünstet wie Paprika zu und mischt sie anderen Gemüsen bei. Da es Jungpflanzen nicht zu kaufen gibt, muß aus im Handel erhältlichen Samen selber angezogen werden.

Ab Mitte März kann man auf dem Fensterbrett in Töpfen oder Schalen aussäen (Keimtemperatur um 20°C) und nach Mitte Mai die Jungpflanzen im Abstand von 80 x 50 cm an einem möglichst warmen, sonnigen und geschützten Platz im Garten auspflanzen. In kühlen, verregneten Sommern muß mit Mißerfolgen gerechnet werden. Eine gute Versorgung des Bodens mit

Nährstoffen, organisch oder mineralisch, fördert die Entwicklung. Geerntet wird bereits wenige Tage nach der Blüte, und zwar fortlaufend, da nicht alle Pflanzen gleichzeitig in Flor gehen. In dieser Zeit können auch 20 g/m² eines mineralischen Volldüngers ausgebracht werden.

Tomate

Im Angebot sind Fleischtomaten mit besonders großen Früchten, Stab- und Buschtomaten sowie die kleinfruchtigen Kirsch-, Party-, Cocktail- oder Traubentomaten. Sofern nicht anders auf den Samentütchen angegeben, lassen sich alle im Freiland kultivieren, wenn der Platz warm, geschützt und sonnig ist.

Fleischtomate

Cocktailtomate

Okra

Die Anzucht erfolgt bei Zimmertemperatur ab März, die Pflanzung nach Mitte Mai mit einem Abstand von 60 x 60 cm. Man setzt möglichst tief, damit sich weitere, dem Mitteltrieb entspringende Wurzeln bilden können. Nicht nur Stabtomaten müssen an Pfählen angebunden werden, auch bei den anderen, buschigeren Wuchsformen empfiehlt sich eine Stützvorrichtung. Stabtomaten werden ausgegeizt, das heißt man bricht die Triebe, die in den Stengelachseln entstehen, mit der Hand aus. Alle Tomaten wünschen einen humosen, nahrhaften Boden und sollten mehrmals während der Fruchtbildung mit organischem oder mineralischem Dünger versorgt werden.

Zucchino

Die Kultur dieses Kürbisgewächses ist einfach. Man sollte aber nicht den Fehler begehen, zu viele Pflanzen anzubauen: zwei, höchstens drei Exemplare für eine vierköpfige Familie sind ausreichend. Man kann nach den Eisheiligen pflanzen oder im März/April eigene Setzlinge aus Samen heranziehen. Auf dem Beet muß jeder Zucchino etwa 1 m² Platz eingeräumt werden. Wie bei allen Kürbisgewächsen ist der Wasser- und Nährstoffbedarf hoch. Man sollte den Boden also bereits vor der Kultur organisch oder mineralisch aufdüngen und auch im Lauf des Sommers einige Male jeweils 20 g/m² eines mineralischen Volldüngers mit dem Gießwasser verabreichen. Die gurkenförmigen Früchte dürfen nicht zu lang und dick werden, weil das Fleisch dann am ohnedies nicht sehr ausgeprägten Geschmack verliert. Die Ernte ist möglich, wenn die Zucchini 10 cm Länge erreicht haben; dann werden ständig neue Früchte gebildet.

Zuckermais

Es handelt sich bei den verschiedenen, für den Hausgarten geeigneten Sorten fast ausschließlich um Züchtungen aus Amerika, wo Mais seit jeher hoch im Kurs steht. Man sät von April bis Mitte Juni in 60 cm voneinander entfernte Reihen aus und vereinzelt später auf 15 cm Abstand. So eng stehend, eignen sich die über 2 m hoch werdenden Maispflanzen als Schutz für andere, empfindliche Gemüse, sofern sie ihnen nicht die Sonne wegnehmen.

Der hohe Nährstoffbedarf wird durch eine Gründüngung von 60 g/m² eines blauen Volldüngers und zwei weitere Gaben mit der halben Menge während des Kulturverlaufs gedeckt. Je nach Aussaattermin kann ab August geerntet werden. Man erkennt den richtigen Zeitpunkt daran, daß sich die feinen Kolbenfäden braun verfärben und aus den Kernen beim Ritzen mit dem Fingernagel weißer Milchsaft austritt. Die Körner haben dann eine goldgelbe Farbe.

Zucchini

Zuckermais

Hülsenfrüchte

Stangenbohne, Buschbohne, Puffbohne

Stangenbohnen sind ertragreicher als Buschbohnen, brauchen wegen der hohen Stützvorrichtungen aber auch mehr Platz. Beide Gartenbohnen kann man ab April auf dem Fensterbrett in Töpfen aussäen und im letzten Maidrittel pflanzen oder um die gleiche Zeit auf dem Beet auslegen. »Bohnen wollen die Glocken läuten hören«, lautet eine alte Bauernregel. Es wird also so flach gesteckt, daß die Samen gerade mit Erde bedeckt sind. Buschbohnen werden in 50 cm voneinander entfernte Reihen mit einem späteren Pflanzenabstand von 10 cm oder in Horsten gesät. Pro Horst kommen 5 bis 6 Bohnen in den Boden, der Horstabstand beträgt 50 cm. Bei Stangenbohnen legt man um jede Stange die gleiche Menge Bohnen aus. Der Reihenabstand sollte mindestens 80 cm, der Horstabstand 50 cm betragen, damit man bequem ernten kann.

Bohnen gedeihen in jedem üblichen Gartenboden und brauchen in der Regel nicht nachgedüngt zu werden, da sie sich mit Hilfe der an ihren Wurzeln lebenden Knöllchenbakterien selber mit Stickstoff versorgen. Die kälteempfindlichen Samen keimen nur, wenn der Boden bereits erwärmt und abgetrocknet ist. Nur die in Süddeutschland wenig bekannten Puff- oder Saubohnen sind weniger empfindlich und können, da die jungen Pflänzchen sogar leichte Fröste vertragen, bereits im März gelegt werden. Für die Saat- und Pflanzabstände gilt dasselbe wie für Buschbohnen.

Sojabohne

Diese ostasiatische Bohne, die sich bei uns nur als Keimsproßgemüse durchsetzen konnte, ist witterungsempfindlich und braucht deshalb im Garten einen warmen, geschützten und sonnigen Platz. Die Aussaat sollte nicht vor dem 20. Mai

Buschbohnen

Stangenbohnen

Sojabohnen

mit 20 cm Reihen- und Pflanzenabstand erfolgen. Wegen der Kälteempfindlichkeit ist eine Anzucht Mitte April am Fenster günstig. Ernte und Zubereitung wie bei unseren Gartenbohnen: die jungen Hülsen für den Sofortverbrauch oder die Samen als Trockenbohnen verwenden.

Wurzel- und Knollengemüse

Erdmandel

Es handelt sich um ein mit dem bei uns als Zimmerpflanze geschätzten Zypergras verwandtes Gewächs aus dem tropischen Afrika. Die kleinen unterirdischen Sproßknöllchen ißt man roh, gekocht, gedünstet oder geröstet. Der Geschmack ist nußartig.

Ab Mitte Mai, wenn keine Fröste mehr drohen, legt man die Knöllchen, immer 8 bis 10 Stück gemeinsam, in 40 cm voneinander entfernten Horsten aus. Da es sich hier um ein Gras handelt, kommt dafür jeder sonnige Platz im Garten in Frage. Besondere Pflegemaßnahmen sind nicht zu beachten, bei Trockenheit muß allerdings gewässert werden. Zur Ernte, etwa vier Monate nach dem Aufgehen, schneidet man das Gras dicht über dem Boden ab und hebt den Knöllchenknäuel mit der Grabegabel aus der Erde. Die ungewaschenen »Früchte« können kühl und trocken einige Zeit gelagert werden.

Knoblauch

Knoblauchzehen kann man im Frühling wie im Herbst stecken, und zwar mit einem allseitigen Abstand von 10 bis 15 cm. Die Zwiebeln entwickeln sich in jedem normalen Gartenboden und brauchen außer einer guten Wasserversorgung keine besondere Pflege. Der Standort sollte möglichst sonnig sein, die Nährstoffansprüche sind bescheiden; Kompost oder etwas organischer Dünger, vor der Pflanzung in den Boden gegeben, reichen aus. Im zeitigen Frühjahr angebauter Knoblauch wird im August/September geerntet, wenn das Laub sich gelb zu färben beginnt; die Spätkultur vom September/Oktober ist im darauffolgenden Frühjahr dran. Die Pflanzen sollten in Gegenden mit kalten Wintern etwas Schutz durch Fichtenreisig erhalten.

Knollenfenchel

Als Langtagspflanze, die in der Zeit mit dem meisten Licht in Blüte geht, darf Knollenfenchel nicht vor Mitte Juni angebaut werden. Bis Mitte Juli ist die Aussaat möglich. Man kann auch ab April auf dem Fensterbrett eigene Setzlinge vorziehen, bei denen aber ebenfalls der späte Auspflanztermin zu beachten ist. Als Reihenabstand wählt man 40 cm, in der Reihe 20 cm. Die Ernte läßt sich bis in den Spätherbst hinziehen, da Fenchel einige Frostgrade verträgt. Im Zweifelsfall deckt man mit Folie ab.

Knollenfenchel

Knoblauch wird getrocknet

49

Knollenziest

Pastinaken

Schwarzwurzeln

Knollenziest

Wie bei der Erdmandel werden auch bei dieser in ihrer fernöstlichen Heimat als Staude kultivierten Pflanze die kleinen Wurzelknöllchen gekocht oder gedünstet als Beilage zu anderen Gerichten gegessen. Fritieren ist ebenfalls möglich.

Man legt mehrere Knöllchen im Abstand von 50 x 50 cm ab April im lockeren, nicht zu trockenen Gartenboden aus. Ab September bis zum Frostbeginn wird mit der Grabegabel geerntet, nicht zuviel auf einmal, da sich die knolligen Wurzelverdickungen nicht lagern lassen. Was man bei der Ernte übersieht, treibt im nächsten Jahr neu aus und kann unter Umständen als Unkraut lästig werden.

Pastinake

Dieses auch als Hammelmöhre bekannte Wurzelgemüse wurde in alten Hausgärten viel angebaut, mußte dann aber zunehmend der Möhre das Feld überlassen und taucht erst in letzter Zeit wieder vermehrt auf den Beeten der Hobbygärtner auf. Geeignet sind alle Böden und Lagen, doch ist wie bei den meisten Wurzelgemüsen ein lockeres, nahrhaftes Erdreich am günstigsten.

Man sät ab Mitte April in 30 cm voneinander entfernte Reihen und verdünnt später auf 15 cm. Wegen der langen Kulturdauer von sieben Monaten sollte man die Pastinakenaussaat nicht zu spät vornehmen, obgleich die frostharten Wurzeln bei offenem Boden den ganzen Winter über geerntet werden können.

Schwarzwurzel

Auch Schwarzwurzeln sind hinsichtlich Klima und Lage anspruchslos, verlangen aber einen tiefgründigen, lockeren Boden. Sie brauchen ebenfalls ein gutes halbes Jahr bis zur Ernte. Wegen dieser langen Kulturdauer kann im Juli und im August mit 20 g/m² eines blauen Vollnährstoffs nachgedüngt werden. Während des Sommers sollte man Schwarzwurzeln gut feucht halten, damit die Entwicklung nicht stockt.

Im April wird in Reihen mit 30 cm Abstand ausgesät, später auf 10 cm in der Reihe vereinzelt. Beim Hacken ist darauf zu achten, daß keine Wurzeln verletzt werden; desgleichen bei der Ernte, da die unterirdischen Teile leicht brechen und dann nicht mehr lagerfähig sind. Unbeschädigte Wurzeln lassen sich senkrecht in feuchtem Sand oder Torf stehend den ganzen Winter über aufbewahren. Die Ernte mit der Grabegabel beginnt meist im Oktober.

Speiserübe

Unter diesen Begriff fallen Teltower Rübchen, Mai- und Herbstrübe. Alle sind anspruchslos und nehmen mit jedem Boden vorlieb, sofern man Austrocknung vermeidet. Aussaatzeit für Teltower Rübchen und Mairüben sind der März und April. Man sät in Reihen mit 20 cm Abstand und vereinzelt auf 15 cm. Teltower Rübchen können etwas dichter stehen.

Herbstrüben werden im Juli/August gesät, der Reihen- und Pflanzenabstand sollte nach dem Ausdünnen 20 x 20 cm betragen. Mairüben dürfen nicht zu groß werden, damit sie zart und saftig bleiben. Mehr als den Umfang eines Fünfmarkstücks sollten sie bei der Ernte nicht erreicht haben. Herbstrüben und Teltower Rübchen werden meist erst im Frühherbst aus dem Boden geholt und lassen sich im kühlen Keller in leicht feuchtem Sand gut lagern.

Topinambur

Über den Wohlgeschmack der Knollen dieses mit den Sonnenblumen verwandten nordamerikanischen Gewächses kann man geteilter Meinung sein. Außer Zweifel steht der Wert von Topinambur für Zuckerkranke.

Die Saatknollen, die im Gartenfachhandel angeboten werden, kommen im März/April etwa 12 cm tief in den Boden, entweder in 30 cm voneinander entfernte Löcher oder in Reihen mit 80 cm Abstand. Da die Düngeransprüche gering sind, braucht einem nahrhaften Gartenboden nichts mehr hinzugefügt zu werden. Die Ernte fällt meist in den Oktober, kann aber auch den ganzen Winter hindurch erfolgen, da die Knollen frostverträglich sind.

Teltower Rübchen

Topinambur

51

Obst für den kleinen Garten

Dank der kleinen Baumformen, die heute angeboten werden, ist es auch im wenig geräumigen Garten möglich, einige Apfel-, Birnen-, Pfirsich- oder Sauerkirschenbäumchen anzupflanzen. Für Sauerkirschen und Pfirsiche kommen Buschformen mit höchstens 60 cm Stammhöhe in Frage, Birnen und Äpfel gibt es als schmale Spindeln mit der gleichen Stammhöhe. Wie weit ein groß werdender Hoch- oder Halbstamm geeignet ist, bei dem das Zweigwerk ab 1,20 bis 1,80 m Höhe beginnt, muß jedermann selbst entscheiden. Ein im Frühling überreich blühendes, großes Gehölz, das im Sommer am Freiplatz vor der Laube Schatten spendet und im Herbst Erntefreuden verheißt, hat durchaus seine Reize. Der Nachteil ist nur, daß man dann innerhalb kurzer Zeit mit einer Fruchtschwemme ein und derselben Sorte fertig werden muß, während bei mehreren kleinen Bäumen verschiedener Art frisches Obst schon ab Juni zur Verfügung steht.

Neben dem großen Platzbedarf haben Halb- und Hochstämme auch einen wesentlich höheren Pflegeaufwand

Verschiedene Wuchsformen (von links): Hochstamm, Halbstamm, Niederstamm, Buschbaum, schlanke Spindel

Platzsparend: das Spalier

Wo im Hausgarten die Pflanzung von Obstgehölzen aus Platzgründen auf Schwierigkeiten stößt, bietet sich als Alternative ein Spalierbäumchen an. Birnen gedeihen an Drähten vor einer Süd- oder Westwand in klimatisch ungünstigen Gegenden sogar wesentlich besser, reifen sicherer aus und neigen weitaus weniger zu Steinfrüchtigkeit. Für den Apfel, der frisch-feuchte, bewegte Luft besonders liebt, ist ein freistehendes Spalier günstiger.

Bei der Auswahl der Jungpflanzen wird manchmal empfohlen, die Wuchseigenschaften der Veredelungsunterlage zu nutzen und für ein großes Spalier stark wachsende Bäume zu bevorzugen. Das ist nur mit Vorbehalten richtig. Denn diese Gehölze fruchten spät; auf Sämlingen veredelte Birnen beispielsweise erst nach frühestens fünf Jahren. Man ist also mit schwachwachsenden Unterlagen besser dran, beim Apfel mit M 9 oder M 26, bei der Birne mit Quitte A. Solche Veredelungen, als zweijährige Spindel- oder Buschbäume gekauft, fruchten bereits ab dem zweiten oder dritten Standjahr.

Für das Spalier eignen sich kunststoffummantelte, starke Drähte, deren erster etwa 75 cm über dem Bodenniveau gespannt wird. Im Verlauf des Aufbaus folgen drei oder vier weitere, jeweils 50 cm voneinander entfernte Halterungen. Im Frühjahr nach der Pflanzung nimmt man alle Triebe bis auf zwei Seitenäste weg, die möglichst waagerecht rechts und links am unteren Draht befestigt werden. Der Konkurrenztrieb zur Stammverlängerung wird entfernt, der Mitteltrieb selbst soweit eingekürzt, daß er die beiden seitlichen Tragäste um etwa 50 cm überragt. Unterhalb der Schnittstelle bilden sich nun weitere Triebe, von denen im folgenden Jahr nur zwei seitlich gestellte erhalten bleiben und am nächsten Draht zu befestigen sind. Alle übrigen Zweige, vor allem solche, die nach hinten oder nach vorne stehen, fallen der Schere zum Opfer. Der inzwischen ebenfalls länger gewordene Mitteltrieb wird wiederum auf 50 cm über dem oberen Spanndraht eingekürzt. Steilschosse, die aus den Leitästen emporwachsen, sind wegzuneh-

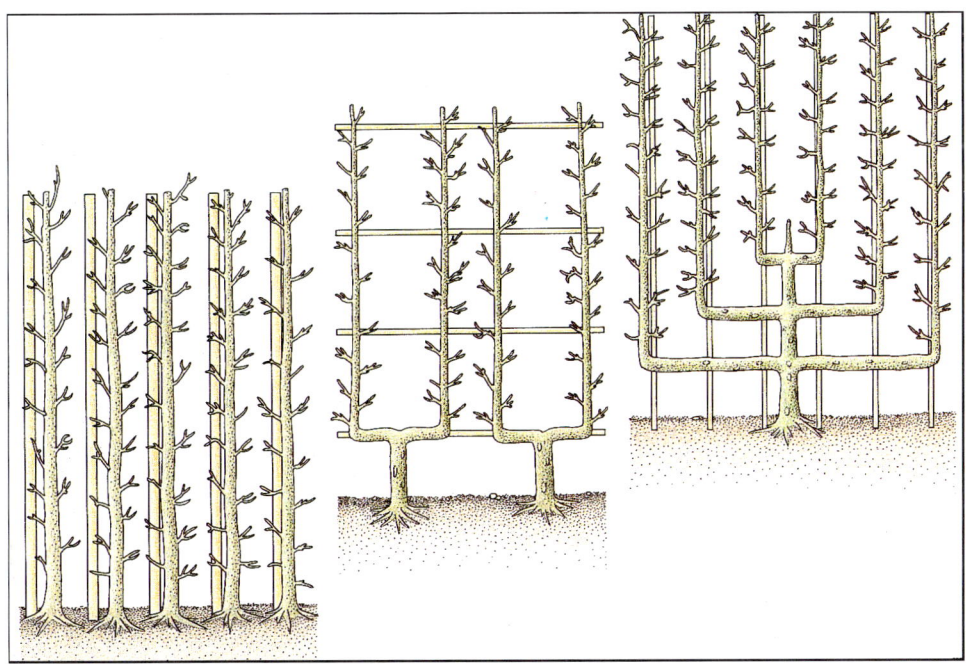

Spalierformen für Obstgehölze (von links): senkrechter Schnurbaum (Kordon), U-Form, Verrier-Palmette mit 3 Etagen

53

Empfehlenswerte Apfelsorten		
Sorte	Ernte/Genußreife[1]	Geschmack
›Alkmene‹	IX/X–E X	süß-fruchtig, aromatisch
›Berlepsch‹	E IX/XI–II	würzig, angenehm säuerlich
›Boskoop‹	X/XII–II	kräftig, würzig, feinsäuerlich
›Cox Orange‹	IX/XI–XII	würzig, feine Fruchtsäure
›Discovery‹	M VIII/M VIII–A IX	aromatisch, angenehme Säure
›Elstar‹	A X/A X–E XII	süßlich-aromatisch, feine Fruchtsäure
›Golden Delicious‹	X/II–IV	aromatisch mit feiner Süße
›Gravensteiner‹	A IX/A IX–XI	hocharomatisch, geschmacklich unübertroffen
›Jamba 69‹	E VIII/E VIII–E X	fruchtig, aromatisch, frisch
›James Grieve‹	A IX/A IX–M X	würzig, feinsäuerlich
›Jonagold‹	A X/XI–I	süß, aromatisch, angenehme Säure
›Jonathan‹	A X/XII–III	süßlich mit feiner Säure
›Klarapfel‹	VII/M VII–M VIII	frisch, leicht säuerlich
›Malling Kent‹	E X/I–III	aromatisch süß mit leichter Säure
›Mantet‹	A VIII/A–E VIII	säuerlich, aromatisch
›Mutsu‹	E X/E X–II	angenehm fruchtig, saftig
›Ontario‹	X/I–V	fruchtig, leicht säuerlich
›Prima‹	M IX/M IX–E X	angenehme, fruchtige Säure
›Rubinette‹	M X/M X–XII	sehr fruchtig-aromatisch
›Summerred‹	A IX/A–E IX	leicht säuerlich, mild aromatisch
›Zabergäu‹	M X/XI–II	sehr würzig und fruchtig

[1] A, M, E = Anfang, Mitte, Ende; Römische Ziffern = Monat

men, ebenso seitlich aus dem Mittelstämmchen entsprießendes Holz.

In der gleichen Weise wird verfahren, bis auch der oberste Spanndraht mit zwei seitlichen Ästen »garniert« ist. Anstatt den Mitteltrieb weiter einzukürzen und damit zur Bildung von neuem Seitenzuwachs anzuregen, biegt man ihn herunter und befestigt ihn am obersten Draht. Schößlinge an seiner Oberseite kann man ebenfalls waagerecht binden oder wegschneiden. Geschnitten wird im Herbst oder zeitigen Frühjahr, gebunden und formiert während des Sommers.

Kern- und Steinobst

Apfel

Äpfel stellen an Lage und Boden keine besonderen Ansprüche und wachsen in unserem Klima eigentlich überall zufriedenstellend. Sie sollen nicht eingezwängt zwischen anderen Gehölzen stehen, müssen reichlich Sonne abbekommen und gedeihen besonders gut dort, wo eine etwas erhöhte Luftfeuchtigkeit zu verzeichnen ist.

Wie steht es mit den Befruchtungsverhältnissen? Äpfel, Birnen und Süßkirschen sind selbstun-

Empfehlenswerte Birnensorten		
Sorte	Ernte[1]	Geschmack / Eigenschaften
›Alexander Lucas‹	A–M X	saftig, aromatisch / keine Befruchtersorte für andere Birnen
›Bosc‹	A X	aromatisch, würzig / sehr wärmebedürftig
›Clairgeau‹	E IX	süß-würzig, saftig / gute Spalierbirne
›Clapps Liebling‹	M VIII	aromatisch / Ernte 2 Wochen vor Vollreife
›Conference‹	M IX	aromatisch-süß, sehr schmelzend / anspruchslos
›Frühe von Trevoux‹	M VIII	würzig-süß, saftig-schmelzend / anspruchslos
›Gellerts Butterbirne‹	M IX	sehr aromatisch, saftig-schmelzend / anspruchslos
›Gräfin von Paris‹	E X	süß, saftig-schmelzend / braucht viel Sonne und Wärme
›Gute Luise‹	M IX	aromatisch, süß-säuerlich / schorfanfällig
›Köstliche aus Charneux‹	E IX–A X	sehr süß und aromatisch / schorfanfällig
›Madame Verte‹	E X	würzig-süß mit angenehmer Säure / wärmeliebend
›Tongern‹	E IX	sehr aromatisch, saftig / anspruchslos
›Vereins-Dechantsbirne‹	A X	fruchtig, süß-aromatisch / wärmeliebend
›Williams Christ‹	E VIII	aromatisch, saftig, schmelzend / wärmeliebend

[1] A, M, E = Anfang, Mitte, Ende; Römische Ziffern = Monat

fruchtbar, das heißt sie brauchen als Pollenspender einen Partner. Aufgrund langjähriger Erfahrungen weiß man, welche Züchtungen bevorzugt zueinander passen und deshalb zusammengepflanzt werden sollten. In einer Kleingartenanlage braucht man sich um diese Feinheiten nicht groß zu kümmern, denn in einer der Nachbarparzellen wird schon ein geeigneter Pollenspender stehen.

Apfelsorte ›Berlepsch‹

Bei Pflaumen kann man – im Gegensatz dazu – Sorten auswählen, die sich selbst befruchten.
Bei Äpfeln und – weniger ausgeprägt – bei Birnen unterscheidet man zwischen Baumreife und Genußreife. Die Baumreife ist meist identisch mit dem Erntezeitpunkt. Unter Genußreife versteht man die Periode, in der die Früchte die meisten Aromastoffe ausgebildet haben und am besten schmecken. Der Zeitraum der Genußreife bezeichnet gleichzeitig die Lagerfähigkeit.

Birne

Die Temperaturansprüche der Birne sind höher als die des Apfels: warme, sonnige und geschützte Standorte werden bevorzugt. Besonders die beliebten Spätsorten entwickeln ihren vollen Schmelz und das beste Aroma nur, wenn der Herbst lang und mild ist. Die sogenannte Steinfrüchtigkeit kann sortenbedingt sein, ist aber auch auf ungünstige Witterungsverhältnisse während der Fruchtausbildung und unzureichende Wasserversorgung zurückzuführen.

Bisweilen beobachtet man bei Birnen eine sogenannte Jungfernfrüchtigkeit, das heißt es werden auch ohne Bestäubung Früchte ausgebildet. Das kann der Fall sein, wenn Spätfröste die Blütenanlagen zerstörten oder aus anderen witterungsbedingten Gründen nur eine unvollkommene Pollenübertragung stattfand. Zu dieser sogenannten Parthenokarpie neigen vor allem die Sorten ›Williams Christ‹, ›Alexander Lucas‹, ›Vereins-Dechantsbirne‹ und ›Conference‹. Für den Hobbygärtner ist das eine höchst willkommene Eigenschaft, die unter Umständen auch in ungünstigen Jahren noch eine Ernte möglich macht.

Außer bei ausgesprochenen Winterbirnen, die wegen schlechter Lagerbedingungen im Hausgarten kaum noch angebaut werden, beträgt der Zeitraum zwischen Baum- und Genußreife meist nur wenige Tage bis zwei Wochen.

Süßkirsche

Neben der Walnuß ist die Süßkirsche die bislang noch einzige Obstart, bei der wir nach wie vor auf kleine Baumformen warten. Versuche mit einigen Sorten und Unterlagen laufen seit vielen Jahren, bisher wurde aber noch keine für den Garten geeignete Kombination selektiert. Wo im Handel dennoch hier und da Süßkirschenbüsche auftauchen, ist die Herkunft ungewiß und die Tauglichkeit unsicher. Hobbygärtner aus Weinbaugebieten berichten jedoch von kleinen Süßkirschenbäumchen, die sich gut entwickeln und auch zufriedenstellend tragen. Ein Versuch ist also vielleicht das Risiko des möglichen Mißerfolgs wert.

Süßkirschen brauchen einen möglichst sonnigen Platz. Bei schweren, kalten und nassen Böden kommt es leicht zu Gummifluß. Die meisten Süßkirschen sind selbstunfruchtbar, können aber auch von Sauerkirschen bestäubt werden, so daß in einer Kleingartenanlage ein Pollenspender wohl immer irgendwo in der Nachbarschaft zur Verfügung stehen wird. Wir unterscheiden früh reifende, weiche Herzkirschen und festfruchtige Knorpelkirschen, die später zur Reife kommen.

Birnensorte ›Madame Verte‹

Süßkirschensorte ›Büttners Rote‹

Einige bewährte Süßkirschensorten

›Anabella‹, Knorpelkirsche, Reife Mitte August; ›Bigarreau‹, Herzkirsche, Reife im Juni; ›Büttners Rote‹, Knorpelkirsche, Reife im Juli; ›Burlat‹, Herzkirsche, Reife Ende Mai/Anfang Juni; ›Germersdorfer‹, Knorpelkirsche, Reife ab Mitte Juli; ›Große Prinzessin‹, Knorpelkirsche, Reife erste Julihälfte; ›Große Schwarze Knorpel‹, Knorpelkirsche, Reife Mitte Juli; ›Kassins Frühe‹, Herzkirsche, Reife Ende Mai bis Mitte Juni; ›Schneiders Späte‹, Knorpelkirsche, Reife Mitte Juli bis Mitte August; ›Souvenir des Charmes‹, Herzkirsche, Reife im Juni; ›Van‹, Knorpelkirsche, Reife im Juli.

Sauerkirschensorte ›Morellenfeuer‹

Pflaumensorte ›The Czar‹

Sauerkirsche

Auch Sauerkirschen bevorzugen sonnige Lagen, gedeihen aber noch im Halbschatten. Prallsonnige Südseiten sind ebenso wie Nordstandorte weniger geeignet. Wind dagegen wird vertragen. An den Boden werden keine besonderen Ansprüche gestellt. Da es bei Sauerkirschen sowohl selbstfruchtbare als auch -unfruchtbare Sorten gibt, sollte man nur solche wählen, bei denen kein Pollenspender notwendig ist, zumal diese Züchtungen meist auch höhere und sicherere Erträge bringen.

Zu den bewährten, selbstfruchtbaren Sorten zählen unter anderem: ›Ludwigs Frühe‹, ›Heinemanns Rubin‹, ›Morellenfeuer‹, ›Cerella‹, ›Nabella‹ und ›Successa‹, alles Weiterentwicklungen der bekannten ›Schattenmorelle‹, ›Scharö‹, ›Kelleriis Nr. 14‹.

Pflaume, Zwetsche, Reneklode, Mirabelle

Sie gehören alle in die gleiche Steinobstgruppe und unterscheiden sich in Form, Größe, Farbe und Geschmack. Alle sind recht anspruchslos und gedeihen zufriedenstellend, solange man sie nicht in einer schattigen, feuchten und kühlen Gartenecke unterbringt. Auch hier gibt es Sorten, die sich selbst befruchten, und andere, für die ein Pollenspender erforderlich ist. Einige Züchtungen werden als teilweise selbstfruchbar bezeichnet, hier ist das Ergebnis ohne Partner also ungewiß. Zu diesen etwas unsicheren Sorten gehören beispielsweise die ›Ersinger Frühzwetsche‹ und die ›Italienische Zwetsche‹. Selbstfruchtbar sind: ›Bühler Frühzwetsche‹, ›Deutsche Hauszwetsche‹, ›Mirabelle aus Nancy‹, ›Stanley Zwetsche‹, ›Ontario Pflaume‹, ›The Czar‹ und ›Wangenheims Frühzwetsche‹.

Alle Angehörigen der Pflaumengruppe reifen in der Zeit zwischen Anfang Juli und Mitte Oktober, je nach Sorte, Boden und Lage.

Pfirsich, Nektarine, Aprikose

Der Pfirsich und seine glattschalige Abart Nektarine benötigen mildes Klima und auch dort eine warme, geschützte Lage. Sowohl das Holz als auch die im März/April erscheinenden Blüten sind frost- beziehungsweise spätfrostgefährdet, die Früchte reifen in ungünstigen Gegenden nicht aus, und Krankheiten machen sich breit. Der Boden sollte humus- und nährstoffreich, warm und tiefgründig sein. Die Reifezeit fällt, je nach Sorte, in die Monate Juli bis September. Aprikosen werden wegen der frühen Blüte, die meist vor der des Pfirsichs liegt, von Spätfrösten noch mehr betroffen. Auch in kühlen, sonnenarmen und nassen Sommern versagt diese Obstart so häufig, daß man sich eine Anpflanzung gut überlegen sollte. Zu den bekanntesten Pfirsichsorten gehören: ›Roter Weinbergspfirsich‹, rotlaubig mit rotem Fruchtfleisch; ›Frühgold‹, gelbfleischig; ›Früher Roter Ingelheimer‹, weißes Fruchtfleisch; ›Rekord von Alfter‹, weißfleischig, besonders große Früchte; ›South Haven‹, gelbes, sehr süßes Fleisch; ›Redhaven‹, gelbfleischig; ›Haba Finessa‹, sehr große, weißfleischige, holzte Triebe nach der Fruchtbildung absterben und jedes Jahr durch neue ersetzt werden, botanisch ein Mittelding zwischen Staude und Gehölz.

Beerensträucher haben gegenüber dem Baumobst den Vorteil, daß sie außer einem einfachen, jährlichen Schnitt und gelegentlichem Mulchen und Düngen kaum Pflege brauchen, mühelos abzuernten sind und bei richtiger Sortenwahl vom Sommer bis in den Herbst frisches Obst liefern. Längere Zeit lagern lassen sich allerdings nur Kiwis, dafür kann man die anderen Beeren einfrieren, einwecken, zu Marmelade, Gelee oder Säften verarbeiten.

Brombeere

Man unterscheidet drei Formen beziehungsweise Wuchsarten: aufrechtwachsende, von denen heute in den Baumschulen nur noch ›Wilsons Frühe‹ mit bis zu 2 m langen, bestachelten Ruten angeboten wird; die kriechende oder kletternde, etwas frostempfindliche ›Theodor Reimers‹, deren 10 m lange, stark bewehrte Triebe im Spätherbst von den Drähten abgebunden, auf den Boden gelegt und mit Fichtenreisig bedeckt werden sollten – dieselben Wuchseigenschaften hat ›Bedford Giant‹; und schließlich die heute am häufigsten gepflanzten, stachellosen Züchtungen, von denen die neueren, meist aus Amerika stammenden, winterhart sind. Zu ihnen zählen: ›Black Satin‹ mit großen Früchten von Ende Juli bis September; ›Hull Thornless‹, Reifezeit August; ›Thornfree‹, Ernte August/September; ›Thornless Evergreen‹, die bereits 1926 in den USA entstand, sollte wie ›Theodor Reimers‹ im Winter etwas geschützt werden.

Die ebenfalls stachellose Loganbeere ›Thornless Loganberry‹, eine Kreuzung aus Brombeere und Himbeere, gedeiht zufriedenstellend nur an einem warmen, geschützten Platz in klimatisch milden Gegenden. Eine stachellose Neuheit ist ›Jumbo‹ mit besonders großen Beeren von August bis Ende September.

Brombeeren wünschen einen humosen, durchlässigen Boden, der ruhig etwas sandig sein kann; ›Theodor Reimers‹ wächst ungebremst auch in schwerem, feuchtem Erdreich. Weil die Pflanzen an den Trieben blühen und fruchten, die im Vorjahr entstanden sind, schneidet man die diesjährigen Tragruten nach der Ernte oder

Pfirsichsorte ›South Haven‹

saftige Früchte; ›Roter Ellerstädter‹, weißgelbes, saftiges Fleisch; ›Spätgold‹, gelbfleischig, saftig.
Nektarinensorten: ›Crimson Gold‹; ›Flavortop‹; ›Morton‹.
Aprikosensorten: ›Aprikose von Nancy‹; ›Temporao de Vila Franca‹; ›Ungarische Beste‹.

Beerenobst

Obgleich auch Beerenobststräucher, wie zum Beispiel schwarze Johannisbeeren, recht umfangreich werden können, lassen sie sich durch jährliches Auslichten, das gleichzeitig dem Fruchtertrag und der Gesunderhaltung dient, im Wuchs doch in Grenzen halten. Als ursprüngliche Wald- oder Waldrandpflanzen gedeihen sie alle am besten in einem gut mit Humus versorgten Boden, sind also für Kompostgaben, organische Dünger und regelmäßiges Mulchen dankbar. Außer der Erdbeere, die zu den Stauden gehört, handelt es sich beim Beerenobst um Gehölze. Brombeere und Himbeere sind als Halbsträucher, deren nur unvollkommen verim Spätherbst ab. Da die trockenen Blätter nicht abfallen, kann man die Ruten als leichten Winterschutz bis zum Frühjahr an den Drähten hängen lassen. Die aufrecht wachsende Sorte ›Wilsons Frühe‹ muß nicht unbedingt an einem Gerüst aufgebunden werden, bei den anderen ist das unerläßlich. Dazu spannt man drei kräftige Drähte zwischen zwei oder mehreren stabilen Pfosten, wobei der oberste in etwa 2,20 m Höhe verlaufen kann. Bei den rankenden Brombeeren sollte der Pflanzenabstand drei Meter betragen.

Himbeere

Da Himbeeren flach wurzeln, leitet sich schon aus dieser Tatsache die Art der Bodenpflege ab. Man muß die Pflanzen vor dem Austrocknen schützen, also im Sommer bei Bedarf wässern und die Erde unter den Sträuchern am besten ganzjährig mit Mulchmaterial wie Rasenschnitt, Ernterückständen, Fallaub, Roh- oder Rindenkompost beziehungsweise -mulch, Stroh, Trockenmist oder ähnlichem bedeckt halten. Wurzelkonkurrenz durch Unkraut ist zu meiden, beim Hacken ist Vorsicht geboten. Man jätet am besten mit der Hand und überläßt alles weitere der Mulchschicht. Sie wirkt Austrocknung wie Unkrautwuchs entgegen und nimmt uns einen Teil der Düngung ab. Die Nährstoffe werden möglichst in organischer Form als Kompost, Horn- und Knochenspäne oder verrotteter Stallmist gegeben.

Himbeeren bindet man gleich Brombeeren an waagerecht verlaufenden Drähten an, und zwar mit einem Pflanzenabstand von 50 cm. Bei mehreren Reihen beträgt der Reihenabstand 1,50 m. Der Schnitt ist einfach. Man nimmt alle abgetragenen Ruten unmittelbar am Boden oder sogar etwas darunter weg. Auch Triebe, die außerhalb der Reihe sprießen, werden abgeschnitten. Insgesamt braucht man einer ausgewachsenen Pflanze nicht mehr als sechs bis acht Triebe zu belassen. Überlange Ruten werden im Nachwinter bis auf 2 m Länge eingekürzt.

Die meisten Himbeeren fruchten nur einmal im Jahr; es gibt aber auch zweimal, im Sommer und im Herbst tragende Züchtungen, von denen man sich jedoch in der Regel mehr verspricht, als sie später halten. Die Sommerernte fällt nur mäßig aus, so daß es besser ist, die Blüten auszubrechen und auf den zweiten Ertrag zu warten, der dann

Brombeersorte ›Theodor Reimers‹

Einmaltragende Himbeersorte ›Schönemann‹

etwas früher einsetzt und mehr Beeren bringt. Allerdings nur, wenn Spätsommer und Herbst warm und lang sind.

Bei Himbeeren ist der Sortenwirrwarr nicht ganz so undurchschaubar wie bei Erdbeeren, aber auch hier gibt es »Eintagsfliegen« und Züchtungen mit Phantasienamen, die genauso schnell aus den Katalogen des Versandhandels verschwinden, wie sie aufgetaucht sind. Die hier genannten Sorten mit einigen Neuzüchtungen haben sich allesamt in der Praxis bewährt. Wer Himbeeren mag, sollte ruhig eigene Erfahrungen durch Sortenvergleiche sammeln.

Einmaltragende Sorten: ›Gelbe Antwerpener‹, mittelfrüh, gelbfrüchtig; ›Gigant‹, früh; ›Glen Glova‹, früh; ›Golden Everest‹, früh, gelbfrüchtig; ›Golden Queen‹, mittelspät, gelbfrüchtig; ›Himbo Star‹, spät; ›Kelleriis 5‹, spät; ›Malling Admiral‹, spät; ›Malling Promise‹, früh; ›Rucami‹, spät; ›Rumilo‹, spät; ›Rutrago‹, spät; ›Schönemann‹, spät; ›Zeva 1‹, mittelfrüh; ›Zeva 2‹, mittelfrüh.

Zweimaltragende Sorten: ›Erntesegen‹; ›Korbfüller‹; ›Pechts Herbstfreude‹; ›Zeva Herbsternte‹.

Die Riesenhimbeere oder ›Medana‹-Tayberry ist ähnlich der Loganbeere nur etwas für milde Klimagebiete. Diese Kreuzung aus Himbeere und Brombeere trägt konische, 3 bis 4 cm lange, purpurrote Früchte, die im Juli/August reifen.

Johannisbeere

Vor allem schwarze Johannisbeeren sollten nicht an spätfrostgefährdete Plätze gepflanzt werden. In etwas geringerem Maße trifft dies aber auch auf die roten und weißen Sorten zu. Sonst sind die Sträucher recht anspruchslos und gedeihen notfalls auch noch im Halbschatten. Das schon beschriebene Mulchen wirkt sich auch hier günstig aus und sollte konsequent durchgeführt werden. Die Düngung erfolgt mit Kompost beziehungsweise mit organischen Handelsdüngern; man kann aber auch einen mineralischen, blauen Volldünger verwenden, von dem 20 g/m² im zeitigen Frühjahr, 20 g nach der Blüte und 20 g nach der Ernte unter dem Strauch ausgestreut und gut eingewässert werden.

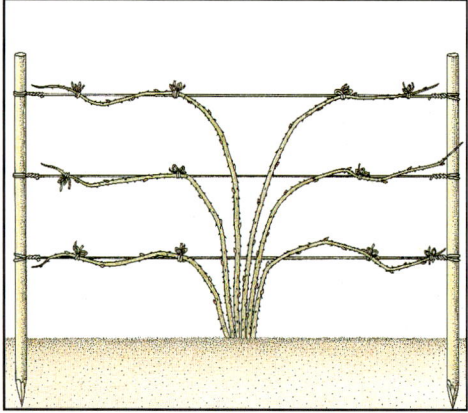

Brombeerspalier

Bei roten und weißen Johannisbeeren kann man pro Strauch 2 m² Standraum veranschlagen, schwarze sollten etwas Platz haben, da sie recht breitwüchsig sind. Auch bei der Pflanztiefe gibt es Unterschiede. Rote und weiße Sorten kommen so weit in die Erde, wie sie in der Baumschule standen, schwarze setzt man tiefer, damit möglichst viele Bodentriebe gebildet werden.

Der Schnitt beginnt bereits bei der Pflanzung im Herbst. Man läßt den Jungsträuchern nur sechs der kräftigsten Triebe und kürzt diese dann auf die Hälfte ein. Beim Schnitt der ausgewachsenen Stöcke achtet man darauf, daß nicht mehr als etwa acht Triebe erhalten bleiben. Was an diesen Zweigen an Zuwachs entsteht, wird im Herbst oder Winter um ein Drittel zurückgeschnitten. Älter als vier Jahre soll die Einzelrute nicht werden, weil sie dann im Ertrag nachzulassen beginnt. Schwarze Johannisbeeren fruchten vor allem im oberen Drittel der einjährigen Ruten. Das bedeutet, daß man nach der Ernte die Triebe, die abgetragen sind, herausschneidet, sofern genügend junge zur Verfügung stehen. Sonst werden die abgeernteten Zweige bis auf einen aus ihnen entspringenden Jungtrieb zurückgeschnitten.

Rote und weiße Sorten: ›Heinemanns Rote Spätlese‹, erste Augusthälfte, rot; ›Heros‹, Ende Juni, rot; ›Jonkheer van Tets‹, zweite Junihälfte, rot; ›Macherauchs Riesentraube‹, August, rot; ›Mulka‹, erste Augusthälfte, rot; ›Red Lake‹, Anfang Juli, rot; ›Rolan‹, erste Julihälfte, rot; ›Rondom‹, zweite Julihälfte, rot; ›Rote Vierländer‹, Mitte Juli, rot; ›Rotet‹, zweite Julihälfte, rot;

Johannisbeersorte ›Red Lake‹

Johannisbeersorte ›Weiße aus Jüterbog‹

›Rovada‹, zweite Augusthälfte, rot; ›Stanza‹, erste Julihälfte, rot; ›Weiße aus Jüterbog‹, erste Julihälfte, weiß; ›Weiße Versailler‹, zweite Junihälfte, weiß.

Schwarze Sorten: ›Daniels September‹, zweite Septemberhälfte; ›Goliath‹, zweite Junihälfte; ›Invigo‹, zweite Julihälfte; ›Phoenyx‹, erste Julihälfte; ›Roodknop‹, erste Julihälfte; ›Rosenthals Langtraubige Schwarze‹, Anfang Juli; ›Silgo‹, zweite Junihälfte; ›Silvergieters Schwarze‹, Anfang Juli; ›Strata‹, Ende Juni; ›Stripta‹, zweite Julihälfte; ›Wellington XXX‹, erste Julihälfte. Während rote und weiße Johannisbeeren sich

Johannisbeersorte ›Goliath‹

selbst bestäuben, gibt es bei den schwarzen Sorten selbstfruchtbare wie teilselbstfruchtbare und solche, bei denen der eigene Pollen völlig versagt. Da die Angaben in der Literatur hierzu widersprüchlich sind, sollte man sicherheitshalber immer zwei Sträucher der schwarzen Johannisbeere in den Garten pflanzen.

Jostabeere
Bis vor einiger Zeit noch ohne spezielle Sortenbezeichnung, ist diese Kreuzung aus schwarzer Johannisbeere und Stachelbeere nun um zwei Bastardkreuzungen bereichert worden: ›Dr. Bauers Jogranda‹ und ›Dr. Bauers Jostine‹. Beide übertreffen die alte ›Josta‹ in der Beerengröße, im Ertrag und in der Krankheitsresistenz, die bereits bei dieser ein hervorstechendes Merkmal war. Man kommt beim Anbau praktisch ohne Pflanzenschutzmaßnahmen aus.
›Jogranda‹ reift früh, ›Jostine‹ mittelspät. Die Sträucher sind nicht so starkwüchsig wie ›Josta‹, deren stachellose Triebe immerhin bis zu 2 m lang werden können, so daß man einem einzigen Strauch 4 bis 5 m² Platz einräumen mußte. Die Ansprüche der Jostabeere sind gering, sie braucht lediglich einen humosen, nahrhaften Boden, wie er in den meisten Gärten ohnedies anzutreffen ist. Der Schnitt beschränkt sich auf gelegentliches Auslichten oder das Einkürzen zu lang gewordener, überhängender Triebe. Gelegentlich, vor allem bei nachlassendem Ertrag, kann organisch oder mineralisch gedüngt werden. Die glatten, schwarzen Beeren, die wie bei Johannisbeeren in

61

Jostabeere

Kiwipflanze

Trauben zusammenhängen, liegen in der Größe zwischen den Eltern und haben auch im Geschmack eine Mischung der Ursprungsarten mitbekommen, übertreffen diese aber im hohen Vitamin-C-Gehalt.

Kiwi

Freude an Kiwis *(Actinidia chinensis)* wird man nur haben, wenn die klimatischen Verhältnisse diesem asiatischen Schlinger zusagen. Im Freiland gedeihen Kiwis am ehesten noch in Weinbaugebieten. Doch auch hier ist ein besonders geschützter Standort ohne intensive Sonnenbestrahlung wichtig. Da Kiwipflanzen gegen Wind ebenfalls empfindlich sind, kommt eine Anpflanzung in freier, offener Lage bei uns meist nicht in Frage. Eine eigene Anzucht ist möglich, jedoch nicht zu empfehlen, weil die Pflanzen erst nach einigen Jahren blühen. Diese Blüte aber muß abgewartet werden, um festzustellen, ob man männliche oder weibliche Exemplare besitzt. Bei Sämlingen rechnet man nämlich mit 70% männlichen, aber nur etwa 30% weiblichen Pflanzen. Da die männlichen ausschließlich Pollen spenden, jedoch keine Früchte ansetzen, sind sie lediglich als Bestäuber in einem oder einigen wenigen Exemplaren notwendig. Deshalb ist es besser und sicherer, Jungpflanzen zu kaufen und anzubauen.

Als beste Pflanzzeit kommen April oder Mai in Betracht. Läßt man die Schlinger an einer Hauswand hochranken, werden die Einzelpflanzen im Abstand von zwei Meter gesetzt. Ein stabiles Gerüst ist notwendig, da man die Triebe anbinden muß. Wichtig sind gute Bodenvorbereitung und kalkarmes Erdreich. Kiwis lieben einen pH-Wert von 4,5 bis 5,5. Ausgepflanzt wird immer ein Pärchen. Will man mehrere Pflanzen setzen, reicht eine männliche für sechs bis acht weibliche. Den Sommer über müssen Kiwis stets genügend Feuchtigkeit haben. Da sie einen humosen Boden lieben, sollte man Kiwis gut mit Kompost oder einem anderen organischen Dünger versorgen. Bei mineralischer Düngung gibt man zweimal etwa 50 g eines blauen Volldüngers pro Pflanze: während der Blütezeit und dann noch einmal im Juli/August. Gelbe Blätter zeigen Eisenmangel an. Entsprechende Präparate schaffen hier Abhilfe.

In den ersten Jahren werden die Triebe im August geschnitten und dabei auf fünf bis sechs Blätter oberhalb des Fruchtansatzes zurückgenommen. Sind die Pflanzen später im Vollertrag, muß im Winter auch das ältere Holz, ähnlich wie bei Kletterrosen, herausgeschnitten werden. Der Winterschnitt ist möglichst Ende Februar, wenn kein stärkerer Frost mehr zu erwarten ist, durchzuführen. Mit der Ernte kann man sich bei

Kiwis Zeit lassen, denn die Früchte sollen möglichst lange hängen bleiben. Spätestens nach den ersten leichten Nachtfrösten ist es dann jedoch soweit. Die Frucht wird ohne Stiel abgenommen. Man läßt sie in einem kühlen Raum so lange nachreifen, bis das Fleisch auf Daumendruck einsinkt.

Der Zwang zur Pärchenpflanzung besteht seit 1988 nicht mehr, weil in diesem Jahr erstmals die einhäusige, also sich selbst befruchtende Züchtung ›Jenny‹ auf den Markt kam. Die Sorte ist aus einer spontanen Mutation, einer Änderung des Erbmaterials, entstanden. Durch Gewebevermehrung (Meristemvermehrung) wurde das virose- und bakteriosefreie Ausgangsmaterial gewonnen. Die Früchte sind etwas kleiner als die der bekannten ›Hayward‹, stehen ihnen jedoch im Geschmack und Vitamingehalt nicht nach. Auch die Kulturbedingungen entsprechen denen der zweihäusigen Kiwisorten.

Stachelbeere

In den Standort- und Pflegeansprüchen gleicht die Stachelbeere der Johannisbeere. Man pflanzt sie also am besten im Herbst an einen sonnigen Platz in nahrhaften, humosen Boden. Sommerlicher Hitzestau in Südlage mit ganztägiger Prallsonne sollte ebenso gemieden werden wie tiefer Schatten. Auch hinsichtlich des Schnitts ähneln sich die beiden Beerenobstarten. Nach dem Pflanzen und auch in den Folgejahren entfernt man bis auf sechs oder acht Triebe alle weiteren. Da Stachelbeeren die meisten Früchte an den vorjährigen Ruten haben, werden die abgetragenen Zweige bis auf einen jungen Austrieb zurückgesetzt. Damit nimmt man zugleich dem gefürchteten Amerikanischen Stachelbeermehltau einen Teil seiner Angriffsbasis, der sich in einem dichten Zweig- und Blattgewirr besonders rasch ausbreitet. Neuerdings gibt es Züchtungen, die gegen diese Krankheit resistent sind: ›Reflamba‹, grün; ›Rixanta‹, gelb, ›Rolanda‹, rot. Als einzige Beerenobstart ist bei Stachelbeeren eine sogenannte Grünpflücke möglich, das heißt, man kann einen Teil der meist im Juli zur Vollreife gelangenden Früchte bereits ab Ende Mai abnehmen und zu Marmelade verarbeiten.
Rote Sorten: ›Achilles‹; ›Maiherzog‹; ›Mauks Frühe Rote‹; ›Rote Orleans‹;, ›Rote Preis‹; ›Rote Triumph‹.

Stachelbeersorte ›Grüne Kugel‹

Gelbe Sorten: ›Early Sulphur‹; ›Gelbe Triumph‹; ›Hönings Früheste‹; ›Lauffener Gelbe‹.
Grünweiße Sorten: ›Grüne Kugel‹; ›Lady Delamare‹; ›Weiße Neckartal‹; ›Weiße Triumph‹.

Weinrebe

Wer in einem warmen Klimagebiet lebt und eine sonnige Laubenwand zur Verfügung hat, kann hier einen durchaus lohnenden Versuch mit der Pflanzung von Weinreben machen. Befriedigende Ergebnisse sind nur in Jahren mit warmen Sommern und einem langen, freundlichen Herbst zu erwarten. Tafeltrauben für den Frischverzehr werden im April und Mai gepflanzt. Pro Rebstock muß man einen Quadratmeter Platz veranschlagen. Hier sollte einen halben Meter tief umgegraben und die Erde mit Kompost oder einem organischen Dünger versorgt werden. Die Grube, in die man die junge Rebe leicht schräg zum Spalier oder zur Wand einsetzt, muß etwa 30 cm von der Stützvorrichtung entfernt sein. Werden mehrere Rebstöcke gepflanzt, beträgt der Abstand zwischen ihnen 2 m.

Im Spätwinter nach der Pflanzung, also etwa im Februar/März des darauffolgenden Jahres, ist der erste Schnitt fällig, wobei der junge Trieb oberhalb einer Knospe um gut die Hälfte eingekürzt wird. Der aus dieser Knospe wachsende Neutrieb dient als Verlängerung der Mittelachse

Weinrebe an Pergola

und wird senkrecht hochgebunden. Die in der Folgezeit heranwachsenden Jungranken der weiter unten sitzenden Knospen werden seitlich am Spalier angeheftet. An ihnen entwickelt sich das Fruchtholz. Diese Ranken sind, sobald sie die entsprechende Länge erreicht haben, ebenfalls am Spalier anzubinden und im folgenden Februar/März auf zwei bis drei Knospen zurückzunehmen. Bei jedem Schnitt soll über der letzten Knospe ein etwa 2 m langer »Zapfen« stehenbleiben, der das Austrocknen der Knospe verhindert. Im Juni muß man dann auslichten, das heißt, man entfernt alle zu dicht stehenden Jungruten und Geiztriebe, die in der Zwischenzeit herangewachsen sind.

Grundsätzlich ist bei allen Schnittarbeiten zu berücksichtigen: Die Rebe blüht und fruchtet an den einjährigen Trieben, die sich am zweijährigen Holz entwickeln. Der Schnitt muß also stets dem Zweck dienen, den Stock zur Bildung junger Triebe aus altem Holz zu veranlassen.

Erdbeere

Erdbeeren sind die beliebteste, aber auch die kurzlebigste Beerenobstart unserer Gärten. Einen guten Ertrag bringen sie aber meist nur in den ersten zwei bis drei Jahren. Wer also gleichmäßig hohe Erträge und in Geschmack und Größe ansprechende Früchte ernten will, sollte

in jedem Jahr die Hälfte der Fläche neu anlegen. Damit kann man den Bestand auch ständig an neue Sorten anpassen.

Die günstigste Pflanzzeit für die einmaltragenden Sorten ist zwischen Mitte Juli und Mitte August. Je früher gepflanzt werden kann, desto besser fallen die Erträge im ersten Standjahr aus. Wichtig sind zunächst die Vorarbeiten. Selbst im Hausgarten sollte man versuchen, einen dauernden Flächenwechsel vorzunehmen, das heißt zwischen zwei Erdbeerkulturen wenigstens drei Jahre lang andere Nutzpflanzen, wie Bohnen, Möhren, Salat oder Tomaten, anzubauen. Dieser Wechsel dient einmal dazu, daß sich die von der Erdbeere benötigten Nährstoffe wieder anreichern können, zum anderen werden spezielle bodenbürtige Erdbeerkrankheiten vermindert.

Erdbeeren wünschen einen mittelschweren, tiefgründigen, humusreichen Boden. Gut verrotteten Kompost kann man auch noch bei der Bodenlockerung vor der Pflanzung einarbeiten. Für die Ernährung reichen 40 bis 50 g/m² eines mineralischen Volldüngers normalerweise bis nach der ersten Ernte im nächsten Jahr aus. Diese Düngergabe streut man über das Beet und mischt sie beim Umgraben mit in den Boden.

Der Erfolg hängt nicht zuletzt auch von der Qualität des Pflanzenmaterials ab. Die Jungpflanzen sollten mindestens drei voll ausgebildete Blätter, eine kräftige Herzknospe und genügend gesunde Wurzeln aufweisen. In einem Frühbeet pikierte oder getopfte Pflanzen können mit Ballen umgesetzt werden und vertragen dann auch etwas Trockenheit. Ein häufiger Fehler ist das zu tiefe Setzen. Ist die Erde zu locker, sacken die Pflanzen beim anschließenden Beregnen nach, und die Herzknospe wird von Erde bedeckt. Solche Stöcke wachsen nur kümmerlich oder gehen ganz ein. Zu flacher Stand führt umgekehrt zu Trockenschäden. Auf einem Beet von 1,20 m Breite kann man drei Erdbeerreihen im Abstand von 40 cm unterbringen, der Pflanzenabstand in der Reihe sollte 30 cm betragen. Man kann auch nach dem Abernten im ersten Ertragsjahr jede zweite Pflanze herausnehmen, wenn die Kultur zu dicht geworden ist, und im Jahr darauf, ebenfalls nach der Ernte, sogar die gesamte Mittelreihe entfernen. Bei einjähriger Kultur stellen sich diese Fragen nicht, weil dann ohnedies jedes Jahr neu gepflanzt wird.

Ob man Erdbeeren einjährig, zweijährig oder, wie es früher üblich war, mehrjährig zieht, muß jeder selbst entscheiden. Länger als vier Jahre sollte man die Pflanzen aber nicht auf dem Beet lassen, weil dann die Erträge so stark zurückgehen, daß sich der Anbau auch im Hausgarten nicht mehr lohnt.

Bei der Sortenwahl muß man sich nach dem eigenen Geschmack, dem Verwendungszweck und den Standortverhältnissen richten. Zum Frosten wird beispielsweise die altbewährte ›Senga Sengana‹ von den neuen Sorten kaum übertroffen, obwohl sie nach dem zweiten Jahr nur noch mittelgroße Früchte bringt. In jedem Fall sollte man von neu gekauftem Pflanzgut, selbst wenn es sich um wertvolle Hochzuchten handelt, höchstens einmal Jungpflanzen für die eigene Vermehrung abnehmen, denn die Krankheits- und Schädlingsanfälligkeit nimmt ständig zu. Für Wassergaben nach der Pflanzung und zur Zeit der Fruchtentwicklung sind Erdbeeren besonders dankbar. Werden die Beeren mit Stroh oder Holzwolle unterlegt oder wird gleich auf Mulchfolie gepflanzt, verdunstet weniger Wasser, Unkraut kommt schwerer durch, und die Früchte werden kaum verschmutzt.

Einmaltragende Sorten

früh: ›Deutsch Everns Finessa‹; ›Elvira‹; ›Gorella‹; ›Hummi Grande‹; ›Karina‹; ›Macherauchs Frühernte‹; ›Regina‹; ›Senga Gigana‹; ›Senga Precosa‹; ›Senga Precosana›.

mittelfrüh: ›Hummi Ferma‹; ›Hummi Stugarta‹; ›Korona‹; ›Red Gauntlet‹; ›Senga Dulcita‹; ›Senga Litessa‹; ›Senga Sengana‹; ›Splendida‹; ›Vigerla‹.

spät: ›Asieta‹; ›Deutsch Everns Famosa‹; ›Deutsch Everns Solveta‹; ›Elista‹; ›Senga Fructarina‹; ›Tago‹.

Mehrmals tragende Erdbeeren lassen sich zweimal abernten, im Sommer und nach einer Pause bis zum Herbst. Allerdings verhält es sich hier mit den Erträgen ähnlich wie bei den zweimaltragenden Himbeeren. Die Sommerernte im Juni wird meist so mäßig ausfallen, daß es besser ist, die im Mai sich bildenden Blüten auszukneifen und dann ab Juli bis in den Oktober die nun reicher fruchtenden Stöcke abzupflücken. Blüten und Beeren, die noch im Oktober erscheinen, werden entfernt. Sie kommen doch nicht mehr zur vollen Entwicklung und kosten die Pflanzen

Monatserdbeere

nur unnötig Kraft, und die Ernte des Folgejahres fiele entsprechend mager aus. Pflanzzeit der mehrmals tragenden Erdbeeren ist der Monat September.

Mehrmals tragende Sorten: ›Klettererdbeere Hummi‹; ›Hummi Eroma‹; ›Hummi Gento‹; ›Ostara‹.

Monatserdbeeren, die von Juni bis Oktober tragen, bilden keine Ausläufer und müssen deshalb aus im Handel erhältlichen Samen selber herangezogen werden. Man sät ab März am Zimmerfenster aus und pflanzt ab April ins Freie. Monatserdbeeren brauchen kein eigenes Beet, sie lassen sich ebenso gut an Weg- oder Rabattenränder setzen oder an irgend einen anderen freien, sonnigen bis leicht beschatteten Platz. Der Pflanzenabstand beträgt etwa 20 cm. Schon im Jahr der Pflanzung ist mit der ersten Ernte zu rechnen.

Sorten der Monatserdbeeren: ›Baron Solemacher‹; ›Rimona-Hummi‹; ›Rügen‹.

Ziergarten

Rasen

Während der Rasen am Wohnhaus immer noch grüner Mittelpunkt des Gartens ist, spielt er in der Parzelle der »Laubenpiepr« häufig nur noch eine Statistenrolle. Doch ganz verzichten mag man meist auch hier nicht auf ein Stück grünen Teppichs, auf dem die Kinder spielen dürfen und wo man die Sonne genießen kann. So ein »Gebrauchsrasen« ist pflegeleicht und strapazierfähig, sieht trotzdem gut aus und schafft genügend Freiraum.

Wer sich spätere Enttäuschungen ersparen will, muß für zweierlei sorgen: für eine möglichst ebene Aussaatfläche und für guten, humosen Mutterboden. Die beste Zeit, Rasen auszusäen, sind die Monate Mai und September, wobei es auch schon mal im April geschehen kann oder erst im Oktober; das hängt einzig von der Witterung ab. Denn wie die meisten anderen Samen braucht Grassaat Wärme zum Keimen. Auch in der Nacht sollten die Temperaturen nicht unter 10°C absinken. Die Nährstoffversorgung wird uns durch Spezialrasendünger mit Langzeitwirkung, sogenannte Depotdünger, leicht gemacht. Diese braucht man nur einmal im Jahr, etwa im April, gleichmäßig über die Fläche auszustreuen. Es geht aber auch mit allen anderen mineralischen Volldüngern, die dann jedoch besser zweimal jährlich, im Frühling und im Spätsommer, verabreicht werden. Zusätzliche Ausbringung von Kompost, Torfmischdünger oder Horn- und Knochenspänen wirkt sich günstig auf Wuchskraft und Dichte aus.

Eine Rasenfläche gehört einfach dazu

Beim Mähen, ein unumgänglicher Bestandteil der Rasenpflege, wird immer wieder der Kardinalfehler des zu kurzen Schnitts gemacht. Fünf, allenfalls vier Zentimeter, tiefer sollte man nicht gehen. Wie alle Gewächse brauchen auch Graspflanzen das Blattgrün, um wachsen, sich kräftigen und regenerieren zu können. Stehen sie ständig »oben ohne« herum, machen sich rasch Krankheiten über die geschwächten Pflänzchen her, der Boden trocknet schneller aus und das begehrte, satte Grün weicht einem bläulichbraunen Schimmer. Damit wird auch die vieldiskutierte Frage gegenstandslos, ob man den Rasenschnitt liegen lassen oder entfernen soll. Auf das Zusammenrechen kann man nur bei dem – unerwünschten – extrem kurzen Schnitt verzichten; hier verrotten die winzigen Halmspitzen, bevor sie einen verdichtenden Belag zwischen den Pflanzen bilden können. Außerdem sind heute alle Mäher mit einer Grasfangvorrichtung ausgestattet, selbst die motorlosen Spindelgeräte gibt es mit derartigen Zusätzen.

Spindelmäher (links) schneiden wie eine Schere; Sichelmäher (rechts) wie eine Sense

Handvertikutierer (oben und unten links), motorgetriebenes Gerät (unten rechts)

Wie eine Verjüngungskur wirkt sich für jeden Rasen das Vertikutieren aus, das einmal im Jahr durchgeführt werden sollte. Der beste Zeitpunkt dafür liegt im Mai, wenn der Boden abgetrocknet ist und die Gräser sich in zügigem Wachstum befinden. Man tut dabei nichts weiter, als den Pflanzenwurzeln Luft zu verschaffen, indem der Filz mitsamt Unkräutern, Moos und anderen Verdichtungen durch die messerartigen Schneidewerkzeuge aufgerissen wird. Wer das öfter praktiziert hat, wundert sich immer wieder über die Berge von Rückständen, die dabei aus der Narbe zutage gefördert werden. Wird regelmäßig im Frühjahr vertikutiert – bei schlechten Bodenverhältnissen wichtig –, bringt man die Düngung besser erst danach ein.

Ziergehölze

Auf zwei Strauch- oder Baumformen wird man im Kleingarten guten Gewissens verzichten können – nicht müssen: Immergrüne Laub- und Nadelgehölze. (Abgesehen freilich von Sträuchern, die gleichzeitig Träger verschwenderischer Blütenfülle sind wie zum Beispiel Rhododendren.) Da die Parzellen im Winter nicht genutzt werden, braucht man hier in dieser Jahreszeit auch kein aufmunterndes Grün. Der Platz, der zur Verfügung steht, sollte anderen Attraktionen vorbehalten bleiben, an denen man vom Frühling bis zum Herbst seine Freude hat. Das Angebot in den Baumschulen ist riesig.

Zu den begehrten Vorfrühlings- und Frühjahrsblühern gehören neben den Obstgehölzen der Echte Jasmin *(Jasminum)* und die Zaubernuß *(Hamamelis)*, außerdem die Schneeballarten *Viburnum farreri* und *Viburnum x bodnantense*. Wegen ihres zeitigen Flors werden sie auch als Winterblüher bezeichnet. Richtig los geht es dann ab März mit Forsythie *(Forsythia)*, Sternmagnolie *(Magnolia)*, Kornelkirsche *(Cornus mas)*, Seidelbast *(Daphne)*, Scheinhasel *(Corylopsis)*, Blutjohannisbeere *(Ribes sanguineum)*, Flieder *(Syringa)*, Hartriegel *(Cornus florida)* und vielen anderen. Die Übergänge zu den Sommerblühern sind fließend, von denen dann wiederum

Ranunkelstrauch oder Kerrie, Kerria

Feuerdorn, Pyracantha

einige erst später in Flor gehen und sich mit den sogenannten Herbstblühern überschneiden. Die meisten Spiersträucher *(Spiraea)* erfreuen uns mit weißen oder rosa Blüten im Juni und Juli, desgleichen Holunder *(Sambucus)*, Tamariske *(Tamarix)*, Robinie *(Robinia)*, Fiederspiere *(Chamaebatia)*, Skimmie *(Skimmia)*, Hortensie *(Hydrangea)*, Buddleie *(Buddleja)*, Goldregen *(Laburnum)*, Kerrie *(Kerria)* und Geißblatt *(Lonicera)*. Später im Sommer folgen dann der Straucheibisch *(Hibiscus syriacus)* mit seinen vielen Sorten, die *Spiraea-Bumalda-Hybriden* des

Spierstrauchs, Bartblume *(Caryopteris)*, Johanniskraut *(Hypericum)* und die Rosenakazie *(Robinia hispida)*.

Zu den Gehölzen mit zierendem Laub zählen vor allem die Japanischen Fächerahorne *(Acer palmatum)*, Hartriegel *(Cornus florida)*, Perückenstrauch *(Cotinus)*, einige Berberitzen aus der Berberis-thunbergii-Gruppe, Spindelstrauch *(Euonymus)*, Essigbaum *(Rhus)*, Eberesche *(Sorbus)* und Feuerdorn *(Pyracantha)*. Die Korkenzieherhasel *(Corylus avellana* ›Cortata‹) fällt durch ihre besondere Wuchsform mit bizarr verdrehten Ästen und Zweigen auf, die Schönfrucht *(Callicarpa)* durch leuchtend violette Beeren, die bis in den Winter hinein am laublosen Strauch hängen bleiben.

Auffallender Fruchtschmuck zeichnet auch Feuerdorn *(Pyracantha)*, Eberesche *(Sorbus)*, Zwergmispel *(Cotoneaster)*, Pfaffenhütchen *(Euonymus)* und Berberitze *(Berberis)* sowie viele Stechpalmen *(Ilex)* aus. Vervollständigung erfährt dieses reichhaltige Sortiment durch Rosen und Kletterpflanzen (siehe Seite 70).

Pflanzung

Die günstigste Pflanzzeit für Gehölze ist der Herbst. Nur bei frostempfindlichen Arten und Immergrünen wählt man besser das Frühjahr, wenn der Boden sich erwärmt hat und die härtesten Fröste vorbei sind. Die Pflanzgrube muß nach unten und den Seiten hin so geräumig sein, daß lose Wurzeln wie Ballen bequem hineinpassen. Den Untergrund lockert man zusätzlich noch einmal spatentief auf, damit die Wurzeln ungehindert in die Tiefe wachsen können. Bei Bäumen und Sträuchern ohne Ballen werden abgeknickte, beschädigte oder tote Wurzelstücke vor der Pflanzung weggeschnitten. Das Ballentuch knotet oder schneidet man auf, sobald das Gehölz in der Grube steht. Nach dem Auffüllen mit dem Aushub (Gießrand berücksichtigen), dem man organischen Dünger oder Trockenmist beimischen kann, ist gut zu wässern. Hochwachsende Gehölze müssen unter Umständen an einem Stützpfahl locker angebunden werden, den man nach dem Ausheben in den Grund des Pflanzlochs schlägt. Oberirdische Teile werden etwas gekappt, damit ein Gleichgewicht zwischen Wurzel- und Zweigwerk entsteht.

Pflanzung von Gehölzen: Vor dem Pflanzen werden alle abgeknickten, beschädigten oder toten Wurzelteile abgeschnitten

Die Pflanzgrube muß dem Wurzelwerk des Gehölzes entsprechen. Man schneidet das Ballentuch auf und füllt den mit organischen Düngern vermischten Aushub ein

Ist die Grube mit Erde gefüllt – Gießrand nicht vergessen – wird gründlich gegossen, damit ein guter Kontakt zwischen Wurzeln und Erde hergestellt wird

Die Zweige werden eingekürzt, um ein Gleichgewicht zwischen Wurzel- und Zweigwerk herzustellen

Schnitt

Generell sollte die Schere bei Ziergehölzen so wenig wie möglich in Aktion treten. Je mehr Triebe man einem Gehölz wegnimmt, desto größer ist der spätere Zuwachs; denn Bäume und Sträucher sind bestrebt, Verlorenes zu ersetzen. Dies hat zur Folge, daß der ursprüngliche Habitus dahin ist und von der früheren harmonischen Form nicht mehr viel übrig bleibt. Der Schnitt an Ziergehölzen beschränkt sich also darauf, auszulichten, das heißt, zu dicht beieinanderstehende und sich behindernde Zweige herauszuschneiden, besonders, wenn sie das allgemeine Wuchsbild stören. Hierunter fällt natürlich auch alles, was Frostschäden davongetragen hat oder aus anderen Gründen verdorrte. Diese Arbeiten werden im Nachwinter vor dem Austrieb durchgeführt, bei Frühlingsblühern wie Forsythien nach dem Flor, weil man sich andernfalls der Blüten berauben würde. Beim Flieder entfernt man nur die welken Blütenstände, darunter regen sich bereits die Neutriebe, die den Flor des nächsten Jahres tragen. Buddleien und Rispenhortensien dagegen öffnen ihre Blüten an den Spitzen oder Seiten der diesjährigen Triebe. Man kann im Frühjahr vor dem Austrieb also getrost alles, was im Vorjahr gewachsen ist und Flor getragen hat, bis auf wenige, basisnahe Knospen (Augen) entfernen.

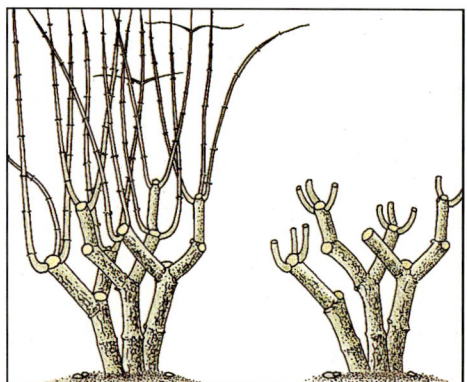

Schnittmaßnahmen an Ziergehölzen sind oft nur dann notwendig, um abgestorbene oder zu dicht stehende Zweige zu entfernen

Die wichtigste Schnittmaßnahme ist das Entfernen von Verblühtem, um einen ununterbrochenen Flor zu bekommen

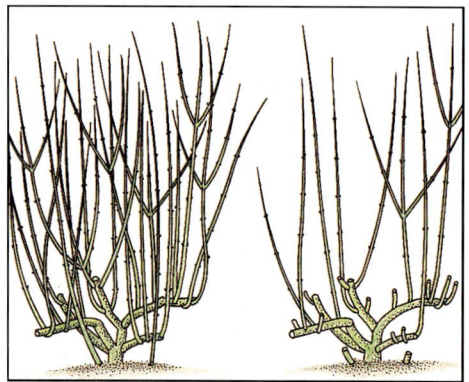

Im Sommer oder Herbst blühende Gehölze werden im Frühjahr stark zurückgeschnitten, da sie am einjährigen Holz blühen

Rosen

Rosen sind Blütengehölze wie viele andere auch. Es besteht also keine zwingende Notwendigkeit, sich ausgerechnet für diese Sträucher zu entscheiden und deshalb auf andere zu verzichten. Sie werden zudem häufiger von Pilzkrankheiten wie Echtem Mehltau, Rost oder Sternrußtau heimgesucht, als das bei vergleichbaren Sträuchern der Fall ist. Allerdings sind sie in Blütenreichtum, -form und -farbe, manchmal auch im Duft, den meisten möglichen Konkurrenten haushoch überlegen, so daß es sich doch lohnt, eine Anpflanzung zu erwägen. Es müssen ja nicht gleich mehrere Exemplare sein. Strauchrosen beispielsweise können über 3 m hoch und imponierend breit werden. Ein einziger Busch eines solchen Dauerblühers reicht für den kleinen Garten ebenso aus wie eine Kletterrose an der Pergola oder der Laubenwand. Beetrosen werden nicht ganz so umfangreich, hier kann man bereits in einer kleinen Gruppe pflanzen. Edelrosen oder Teehybriden fallen durch ihre formschönen Blüten an langen Stielen auf, und bodendeckende Rosen sind zwar kein Ersatz für Rasen und Pfennigkraut, auch nicht immer so niederliegend, wie der Name verheißt, haben jedoch durchaus ihren Reiz.

Alle Rosen wünschen einen möglichst sonnigen Platz und wachsen in jedem Gartenboden. Ein leichter Lehmanteil sagt ihnen besonders zu, ist aber nicht entscheidend. Zu meiden ist dagegen Staunässe, weshalb ein hoher Grundwasserstand unter dem Rosenbeet gefährlich werden kann. Gepflanzt wird im Herbst oder Frühjahr, und

Strauchrose ›Schneewittchen‹

zwar so tief, daß die Veredelungsstelle am Wurzelhals eine Handbreit unter die Erde kommt. Dann sind die hier befindlichen »schlafenden« Augen vor Frösten geschützt und können neu austreiben, wenn die Triebe im Winter einmal zurückfrieren sollten. Dieser Kälteabwehr dient auch das Anhäufeln der Rosen im Spätherbst. Im Frühjahr schneidet man nur weg, was erfroren ist oder sichtbar zu dicht steht. Viel wichtiger ist es, im Lauf des Sommers immer wieder alles Verblühte zu entfernen, damit die Kraft nicht in die Hagebutten abfließt und einen erneuten Flor beeinträchtigt. Den schon erwähnten Pilzkrankheiten kann man entgegenwirken, indem ein zu dichter Stand vermieden wird. Bei bereits erfolgtem Befall wendet man im Fachhandel erhältliche Spezialfungizide an.

Bei der ungeheuren Fülle von Rosensorten ist es unmöglich, verbindliche Empfehlungen zu geben. Man kann immer nur einige wenige Züchtungen zur Wahl stellen, deren gute Eigenschaften durch lange Erprobung bekannt sind.

Bewährte Rosensorten	
Sorte	Eigenschaften
Edelrosen, auch Teehybriden genannt; öfterblühend; mit großen, edel geformten Blüten	
›Carina‹	silbrigrosa, leichter Duft, 70 cm hoch
›Duftwolke‹	korallenrot, stark duftend, 70 cm hoch
›Evening Star‹	reinweiß, duftend, 70 cm hoch
›Gloria Dei‹	lichtgelb, rosa überhauchter Rand, leicht duftend, 70 cm hoch
›Ingrid Bergmann‹	dunkelrot, duftend, 80 cm hoch
›Piroschka‹	reinrosa, stark duftend, 50 cm hoch
Beetrosen, auch Floribundarosen genannt; öfterblühend; mit großen Blütenbüscheln	
›Bella Rosa‹	kräftig rosa, kugelige, gefüllte Blüten, leicht duftend, 50 cm hoch
›Bonica‹	reinrosa, gefüllt, 70 cm hoch, breitwachsend
›Friesia‹	leuchtend gelb, gefüllt, duftend, 70 cm hoch
›Ludwigshafen am Rhein‹	hellrot, ins karminrosa gehend, Edelrosenblüte, duftend, 70 cm hoch
›Manou Meilland‹	dunkelkarminrosa, Edelrosenblüte, leichter Duft, 70 cm hoch
›Margaret Merril‹	weiß, rosa überhaucht, Edelrosenblüte, stark duftend, 70 cm hoch
›Nina Weibull‹	karminrot, halbgefüllt, 70 cm hoch
›Queen Elisabeth‹	silbrigrosa, Edelrosenblüte, duftend, aufrechter Wuchs, 100 cm hoch
›Tornado‹	feuerrot, halbgefüllt, 60 cm hoch

Bewährte Rosensorten	
Sorte	Eigenschaften
Strauchrosen; öfterblühende Sorten	
›Dirigent‹	blutrot, halbgefüllt, 200 cm hoch
›Centenmaire de Lourdes‹	reinrosa, halbgefüllt, duftend, 180 cm hoch
›Lichtkönigin Lucia‹	zitronengelb, gefüllt, duftend, 150 cm hoch
›Märchenland‹	lachsrosa, halbgefüllt, leichter Duft, 100 cm hoch
›Marguerite Hilling‹	karminrosa, halbgefüllt, 200 cm hoch
›Mozart‹	rosa, weiße Mitte, einfache Blüte, duftend, 150 cm hoch
›Robusta‹	leuchtend rot, einfache Blüte, leicht duftend, besonders frosthart, 200 cm hoch
›Schneewittchen‹	reinweiß, Edelrosenblüte, leicht duftend, 120 cm hoch
Kletterrosen; öfterblühend	
›Golden Showers‹	zitronengelb, locker gefüllt, duftend, 250 cm hoch
›Ilse Krohn Superior‹	reinweiß, Edelrosenblüte, duftend, 300 cm hoch
›New Dawn‹	zart lachsrosa, gefüllt, duftend, gut frosthart, 350 cm hoch
›Parade‹	dunkelrosa, großblumig, gefüllt, duftend, 400 cm hoch
›Rosarium Uetersen‹	dunkellachsrosa, gefüllt, leichter Duft, 300 cm hoch
›Sympathie‹	dunkelrot, Edelrosenblüte, duftend, 400 cm hoch
Bodendeckende Rosen	
›Heideröslein Nozomi‹	perlmuttrosa, halbgefüllt, einmalblühend, leichter Duft, 30 cm hoch, 50 cm breit
›Repandia‹	rosa, einfache Blüte, einmalblühend, leicht duftend, 40 cm hoch, 300 cm breit
›Roter Max Graf‹	rot, einfache Blüte, einmalblühend, 50 cm hoch, 300 cm breit
›Scarlet Meidiland‹	rot, gefüllt, öfterblühend, 60 cm hoch, 120 cm breit
›Snow Ballett‹	reinweiß, gefüllt, öfterblühend, 50 cm hoch, 100 cm breit

Floribundarose ›Manou Meilland‹

Kletterrose ›New Dawn‹

Ausdauernde Kletterpflanzen

Botanischer Name	Deutscher Name	Wuchshöhe in m	Kletter-hilfe	Standort
Actinidia	Strahlengriffel	5–10	ja	geschützt, keine Südseite
Aristolochia	Pfeifenwinde	5–10	ja	schattig
Campis	Trompetenblume	4–8		vollsonnig
Celastrus	Baumwürger	6–12	ja	sonnig bis halbschattig
Clematis	Waldrebe	3–10	ja	sonnig, beschattete Wurzel
Euonymus	Spindelstrauch	3–5		sonnig bis schattig
Fallopia	Knöterich	4–10	ja	sonnig bis schattig
Hedera	Efeu	5–30		halbschattig bis schattig
Hydrangea	Kletterhortensie	6–10		halbschattig bis schattig
Jasminum	Winterjasmin	2–5	ja	sonnig
Lonicera	Geißblatt	4–6	ja	sonnig bis halbschattig
Parthenocissus	Wilder Wein	8–15		sonnig bis halbschattig
Rosa	Kletterrose	2–6	ja	sonnig
Wisteria	Glyzine, Blauregen	8–15	ja	sonnig bis halbschattig

Wilder Wein, Parthenocissus

Kletterpflanzen

Die einjährigen Kletterer, die nur einen Sommer lang blühen und jedes Jahr von neuem herangezogen oder an Ort und Stelle ausgesät werden müssen, sind im Garten weniger interessant als die ausdauernden Schlinger, da es sich hierbei um Gehölze mit einer langen Lebensdauer und daher gestalterischen Funktionen handelt. Mit ihrer Hilfe lassen sich Pergolen, Rankgestelle oder Zäune begrünen, triste Laubenwände verschönen und Unterteilungen des Gartens vornehmen. Außer den Wurzelkletterern, zu denen Efeu *(Hedera)*, Kletterhortensie *(Hydrangea)* und der kletternde Spindelbusch *(Euonymus)* sowie der Wilde Wein *(Parthenocissus)* gehören, brauchen sie allesamt eine Kletter- oder Schlinghilfe. Zu den schönsten Blühern dieser Pflanzengruppe zählen verschiedene Arten und Sorten der Waldrebe *(Clematis)*, die Glyzine *(Wisteria)* und – natürlich – die Kletterrose *(Rosa)*, die eigentlich

Stauden und Zwiebelblumen

gar keine richtige Kletterpflanze ist. Sie gehört wie die Brombeere zu den sogenannten Spreizklimmern, die sich nur mit Hilfe ihrer langen, bedornten oder bestachelten Triebe nach oben schieben. Viele dieser Gewächse, von ihren natürlichen Standorten nichts anderes gewohnt, vertragen auch im Garten Halbschatten bis Schatten.

Hier ist nun wirklich alles versammelt, was Farbe in den Garten bringt, für jede Jahreszeit bietet sich eine Fülle von Gattungen, Arten und Sorten an, vom nur wenige Zentimeter kleinen Winzling bis zu den meterhohen Türmen des Rittersporn, der Stockrose und des Fingerhut. Wir finden schattenverträgliche Gewächse ebenso wie Sonnenanbeter und solche, die in beiden Bereichen gedeihen. Man kann also ein ganzes Beet mit den verschiedensten Stauden füllen, große Exemplare in Gruppen arrangieren, offene Bodenstellen mit kleinbleibenden Arten bedecken oder den Gehölzrand mit bunten Blumen herausputzen. Es würde den Rahmen dieses Buches sprengen, einzelne Sorten aus dem großen Angebot beschreiben zu wollen.

Ein Tip zu den beliebten Knollenbegonien: Im allgemeinen wollen diese Pflanzen beschattet stehen. Nun gibt es aber auch Begonienrassen, die genausogut in der Sonne gedeihen. Die größte Sonnenverträglichkeit verzeichnet die ›Clips‹-Gruppe mit roten, weißen oder orangefarbenen, gut gefüllten Blüten, die einen Durchmesser von 8 cm erreichen und sich früh öffnen. Mit 11 cm Blütendurchmesser warten die Sorten der Rasse ›Nonstop‹ auf. Die Farbpalette reicht von scharlach und apricot über rosa bis gelb und

Geißblatt, Lonicera

Trompetenblume, Campsis

Goldnessel, Lamiastrum

weiß. Die auffallendste Leuchtkraft strahlt ›Nonstop Feuerrot‹ aus. Die relativ schwach-wachsende Rasse ›Memory‹ besitzt die mit 16 cm Durchmesser größten Blüten in den Farben blut-rot, lachsrosa, rosa und orange.

Wichtig bei Stauden im kleinen Garten ist die Auswahl nach Blütezeiten, denn es geht ja darum, das ganze Jahr über Akzente zu setzen. Das beginnt im Winter mit den Christ- oder Schneerosen *(Helleborus),* denen Schneeglöck-chen und die anderen Frühlingszwiebelblumen folgen, bis dann der Sommer die Möglichkeiten mit den ausdauernden Blühern beinahe ins Unermeßliche steigert. Nicht zu vergessen sind dabei die Ziergräser, die, abgesehen vom Pam-pasgras, immer noch viel zu wenig Beachtung finden, dabei als Ergänzung zu anderen Gewächsen keineswegs eine untergeordnete Rolle zu spielen brauchen. Das trifft auch auf Kleinstauden, Bodendecker und polsterbildende Pflanzen zu, denen so prominente Gattungen wie Nelken *(Dianthus),* Glockenblumen *(Campa-nula),* Schleifenblume *(Iberis),* Bergenien *(Berge-nia),* Blaukissen *(Aubrieta)* oder Steinkraut *(Alys-sum)* zugehören. Sie können überall Platz finden und sind, in Gruppen zusammengesetzt, nicht minder reizvoll und raumfüllend wie ihre hoch aufragenden, großblumigen Schwestern der Kategorie Prachtstauden.

Katzenpfötchen, Antennaria dioica

Schaumblüte, Tiarella cordifolia

Braunelle, Prunella grandiflora

Kleinstauden und Bodendecker mit Blütenschmuck

Botanischer Name	Deutscher Name	Höhe in cm	Pflanzweite in cm	Immergrün	Schattenverträglichkeit
Acaena novae-zelandiae	Stachelnüßchen	10	40	x	
Alchemilla mollis	Frauenmantel	15	40		
Alyssum	Steinkraut	25	40		
Antennaria dioica	Katzenpfötchen	5	25		
Arabis caucasica	Gänsekresse	15	20		
Artemisia stelleriana	Beifuß	30	45		
Aubrieta-Hybriden	Blaukissen	10	30		
Bergenia-Hybriden	Bergenie	20	40		
Brunnera macrophylla	Kaukasusvergißmeinnicht	30	40		x
Campanula portenschlagiana	Glockenblume	10	30		x
Centaurea	Flockenblume	15	30		
Cerastium tomentosum	Hornkraut	15	40		
Convallaria	Maiglöckchen	25	30		x
Dianthus, viele Arten	Nelke	20	30		
Duchesnea indica	Indische Erdbeere	10	40		x
Epimedium	Elfenblume	30	30		x
Geranium, viele Arten	Storchschnabel	30–90	40		x
Helianthemum-Hybriden	Sonnenröschen	20	40	x	
Hosta, viele Arten	Funkie	45	50		x
Iberis sempervirens	Schleifenblume	30	40	x	
Lamiastrum galeobdolon	Goldnessel	20	30	x	x
Lamium maculatum	Gefleckte Taubnessel	10	30		x
Liriope muscari	Liriope	25	30	x	
Luzula sylvatica	Waldmarbel	30	30	x	x
Lysimachia nummularia	Pfennigkraut	5	20		x
Maianthemum	Schattenblume	10	30		x
Nepeta x faassenii	Blauminze	25	30		
Omphalodes	Gedenkemein	15	30		x

Kleinstauden und Bodendecker mit Blütenschmuck

Botanischer Name	Deutscher Name	Höhe in cm	Pflanz- weite in cm	Immer- grün	Schatten- verträg- lichkeit
Origanum	Dost	20	30		x
Oxalis	Sauerklee	15	20		x
Phlox, viele Arten	Flammenblume	4–40	20		
Polygonum affine	Schneckenknöterich	8	25		x
Potentilla alba	Weißes Fingerkraut	20	20		x
Prunella grandiflora	Braunelle	10	30		x
Pulmonaria	Lungenkraut	20	30		x
Saxifraga, viele Arten	Steinbrech	ab 3	20		x
Sedum spurium	Teppichsedum	8	20		
Stachys byzantina	Wollziest	10	20		
Symphytum grandiflorum	Beinwell	20	30		x
Thymus serpyllum	Feldthymian	10	20	x	
Tiarella cordifolia	Schaumblüte	25	30		x
Veronica prostata	Ehrenpreis	5	25		
Vinca minor	Kleines Immergrün	15	40	x	x
Viola, viele Arten	Veilchen	10	25		x
Waldsteinia	Golderdbeere	10	25		

Lungenkraut, Pulmonaria

Funkie, Hosta

Düngung

Wie alle Lebewesen müssen auch Pflanzen Nährstoffe aufnehmen, um existieren zu können. In der Natur funktioniert das reibungslos, weil durch die natürliche Verrottung genügend Nahrungssubstanz zur Verfügung steht. In der Landwirtschaft und im Hausgarten mit seinen Intensivkulturen sind die natürlichen Nährstoffquellen des Bodens schon bald erschöpft, und man muß durch fortlaufende Düngung dafür sorgen, daß sie weiter sprudeln. Wenn wir unsere Gartenpflanzen düngen, verschwenden wir kaum einen Gedanken daran, was die Gewächse mit den Nährstoffen eigentlich anfangen. Dabei ist die Kenntnis dieser Vorgänge für die Ernährung der Pflanzen wichtig.

Fragen zur Düngung

Eine der heißumstrittendsten Fragen ist, ob man ausschließlich mineralisch oder organisch düngen soll. Man kann den Komplex Düngung im Hausgarten auf die zehn wichtigsten Fragen, die immer wieder gestellt werden, reduzieren und aus den Antworten die Problemlösung ableiten.

Sind Mineraldünger gesundheitsschädlich?

Ob organische oder mineralische Düngung – die Wirkung der Nährstoffe auf das Leben der Pflanzen ist identisch. Mineraldünger enthalten Stickstoff (N), Phosphor (P) und Kalium (K) in einer Form, die es den Gewächsen erlaubt, sie direkt aufzunehmen. Die Vorarbeiten hierfür wurden in unseren chemischen Fabriken geleistet. Bei organischen Stoffen findet dieser chemische Prozeß in den Körpern der Kleinlebewesen des Bodens statt. Erst nach dem Passieren dieser »natürlichen Düngerfabriken« sind Stickstoff, Phosphor und Kali aus dem organischen Material herausgelöst und können von den Wurzeln aufgenommen werden. Mineralische Dünger schaden der Gesundheit also so wenig wie organische. Das Nitratproblem ist ein Fall für sich und betrifft beide Düngemethoden.

Was sind Mehrnährstoffdünger?

In diesen Nährstoffkombinationen sind Stickstoff, Phosphor und Kalium und häufig auch Spurenelemente so zusammengestellt, daß die Pflanzen eine komplette Vollnahrung erhalten. Man spricht deshalb auch von Volldüngern. Nur Gewächse mit Spezialwünschen, zum Beispiel Moorbeetpflanzen, müssen anders versorgt werden.

Haben flüssige Dünger eine bessere Wirkung als feste?

Der Pflanze selbst ist es egal, ob man die Nährstoffe auf den Boden gießt oder streut. Letztlich ist immer Feuchtigkeit das Transportmittel zu den Wurzeln. Allerdings beschleunigt es die Beförderung, wenn die Nährsalze schon vorab in Wasser gelöst wurden. Wo es im Garten darauf ankommt, die Gewächse möglichst rasch mit Dünger zu versorgen, ist also flüssige Nahrung angebrachter als feste.

Welche Vorteile haben organische Dünger?

Jeder Hobbygärtner weiß, daß sein Gartenboden mit Milliarden von Lebewesen bevölkert ist, vom Regenwurm bis zum mikroskopisch kleinen Einzeller. Gäbe es diese Organismen nicht, bestünde das Erdreich aus totem, zermahlenem Gestein. Leben jedoch bedeutet Vermehrung, Zellen teilen sich und schaffen dadurch neue Individuen. Das ist »Arbeit«, Arbeit verbraucht Energie. Die Bodenlebewesen müssen also ernährt werden, und das geschieht mit Hilfe organischer Stoffe, unter anderem durch natürliches Düngen. Denn N, P und K sind ja Endprodukte, die Kleinlebewesen können damit nichts mehr anfangen. Soll das alles funktionieren, müssen wir für die notwendigen Energieträger sorgen. Organische Düngung erschafft und erhält Leben, ist also unverzichtbar. Und sie fließt, sofern ausreichend vorhanden, langsam, sanft, unablässig. Das ist ihr großer Vorteil.

Was erreicht man mit Gründüngung?

Ein Gartenboden, der nicht von Pflanzen bewachsen, beschattet und durchwurzelt ist, trocknet aus, wird hart und unfruchtbar. In der Natur sind solche leblose Flecken selten, im Garten sollten sie es auch sein. Auf leerstehenden Beeten werden also, meist ab Spätsommer, Pflanzen eingesät, die viel Grünmasse produzieren beziehungsweise den Boden tief durchwurzeln. Im Herbst mäht man sie ab, oder sie erfrieren im Winter und werden zu Humus. Diese Gründüngung erhöht die Bodenfruchtbarkeit und verbessert die Struktur des Erdreichs.

Was versteht man unter Grunddüngung?

Ein Gemüsebeet, das die ganze Vegetationsperiode über bepflanzt war, hat seine letzten Düngerreserven bis zum Herbst erschöpft. Auch wenn zwischendurch immer mal wieder für Nachschub gesorgt wurde – in der nächsten Saison gibt das Erdreich nicht mehr viel her, zu wenig jedenfalls für gute Erträge. Im Frühjahr muß also neue Pflanzennahrung in den Boden, mineralische oder organische. Weil diese Grunddüngung für möglichst lange Zeit reichen soll, ist reifer Kompost ideal dafür. In ihm sind die Nährstoffe durch die Verrottung schon weitgehend aufgeschlossen. Nun hat der Biogärtner bei der Grunddüngung einen entscheidenden Vorteil: dank Mulchen, Gründüngung und Kompostwirtschaft wird auf seinen Beeten niemals der Erschöpfungszustand eintreten, wie er bei überwiegend mineralischer Düngung schon mal vorkommen kann. Mit anderen Worten: die Grunddüngung findet hier, bis auf den Winter, rund ums Jahr statt.

Was bedeutet Kopfdüngung?

Wir unterscheiden beim Gemüse Stark-, Mittel- und Schwachzehrer. Kohl, Gurken und Tomaten zum Beispiel sind als »Düngerfresser« bekannt und gehören in die erste Gruppe. Sie kommen mit der Grunddüngung des Frühjahrs nicht aus und brauchen zwischendurch Nachschub. Diese Düngung wird nun beileibe nicht »auf den Kopf« gegeben, sondern immer direkt in den Wurzelbereich – ob in organischer oder mineralischer Form. Bei Gurken im Gewächshaus tut sich ohne derartige Zusatzgaben überhaupt nichts, die kleinen Früchte würden verkümmern. Weil

in der Natur, also auch im Garten, eines vom anderen abhängt, gibt es für diese Nachdüngung keine festen Regeln, schon gar nicht für den Biogärtner. Ist sein Boden fruchtbar, gepflegt und gut mit allem versorgt, wird er mit einer Zusatzdüngung zurückhaltend sein; denn Nitrat im Übermaß, gleich aus welcher Quelle es stammt, ist unerwünscht. Hier haben Mineraldünger Vorteile – ihre Menge läßt sich nämlich viel genauer dosieren.

Was bewirken die einzelnen Nährelemente?

Pflanzen brauchen die drei wichtigsten Dünger – Stickstoff, Phosphor und Kalium – in ausgewogenem Verhältnis. Jeder dieser drei Komponenten fallen im Leben der Flora ganz bestimmte Aufgaben zu. Mangelt es auch nur an einem Stoff, klappt das Ganze nicht mehr. Das ist der Kernpunkt des berühmten Gesetzes vom Minimum. Stickstoff sorgt für Eiweißbildung und ist der Motor des Wachstums. Zuviel davon aber schwemmt die Pflanze auf, macht sie anfällig für Schädlinge und Krankheiten. Phosphor fördert die Blüte, unterstützt Frucht- und Samenbildung. Ein Mangel zeigt sich in schwächlichen Stengeln und Wurzeln. Kalium festigt das Gewebe und schützt damit vor Winterschäden. Unterversorgung zeigt sich in eingerollten Blatträndern und -spitzen. NPK-Dünger, Kompost oder andere organische Nährstoffe decken diesen lebensnotwendigen Bedarf unserer Pflanzen.

Was sind Spurenelemente?

Der Name sagt es bereits: Spurenelemente sind nur in kleinsten Mengen für das Pflanzenleben von Bedeutung. Das heißt aber nicht, daß es auch ohne sie ginge. Wir brauchen diese Stoffe bei der Wahl unserer Dünger allerdings nicht weiter zu berücksichtigen, denn in den meisten, normal versorgten Gartenböden sind sie in ausreichendem Maße vorhanden. Zu den wichtigsten Spurenelementen gehören Bor (B), Eisen (Fe), Kupfer (Cu), Mangan (Mn), Molybdän (Mo) und Schwefel (S). Ihnen fallen im pflanzlichen Leben ganz bestimmte Aufgaben zu. Fehlen sie wirklich einmal, äußert sich das in charakteristischen Mangelerscheinungen.

Gesetz vom Minimum: Alle lebensnotwendigen Stoffe müssen in bestimmten Mengen vorhanden sein. Fehlt auch nur ein einziger Stoff, kränkelt die Pflanze

Bei einer Unterversorgung mit Eisen beispielsweise verfärben sich die Blätter blaßgelb bis weiß, man spricht dann von einer Chlorose. Magnesium (Mg) zählt man heute nicht mehr zu den Spurenelementen. Obgleich nur in geringen Mengen erforderlich, ist es so wichtig, daß es vielen Mineralvolldüngern beigemischt wird. Es trägt entscheidend zur Blattgrünbildung bei. Einer Ergänzung eventuell fehlender Spurenelemente muß eine Bodenuntersuchung in einem Institut vorangehen.

Wie kommt es zu Düngerschäden?

Wenn man von Düngerschäden spricht, ist meist Überdüngung gemeint. Es trifft zu, daß der langsame Fluß organischer Nährstoffe nur selten zu einer Überversorgung führt. Angesichts des Nitratproblems sollte man aber auch mit Kompost nicht hemmungslos wirtschaften. Problematisch kann ein Zuviel bei unsachgemäßer Ausbringung mineralischer Mehrnährstoff- oder gar Einzeldünger werden. Wie bei Pflanzenschutzmitteln sollte man sich auch hier genau an die Dosierungsvorschriften des Herstellers halten. Weniger ist meistens mehr, zumal Untersuchungen ergeben haben, daß unsere Gartenböden eher überdüngt als unterversorgt sind.

Kompost

Es handelt sich dabei um den besten Naturdünger, den man sich denken kann. Leider reicht die Menge, die ein kleiner Garten an Rottematerial abwirft, meist nicht aus, um die gesamte Fläche allein damit zu versorgen. Weil die Gemüsebeete am intensivsten genutzt werden, sollten sie zuallererst in den Genuß von Kompost kommen, bei Obst- und Ziergehölzen sowie Sommerblumen und Stauden kann man sich auch mit Mineraldüngern behelfen.

Am saubersten und einfachsten ist die Kompostbereitung in vorgefertigten Silos aus Holz, Kunststoff oder Aluminium, die mit unterschiedlichem Fassungsvermögen im Angebot sind. Eine frei aufgebaute Miete kostet viel Platz und muß mindestens einmal umgesetzt werden, wobei das Unterste zuoberst kommt. Der Flächenanspruch verdoppelt sich also in diesem Fall, und gerade im Kleingarten ist jeder Quadratmeter kostbar. Allerdings wäre es auch bei Fertigmodellen vorteilhaft, sich zwei Exemplare hinzustellen, damit immer ausgereifter Kompost zur Verfügung steht.

Es wurde bereits an anderer Stelle gesagt, daß der Kompostplatz etwas beschattet liegen sollte, damit das Material nicht austrocknet. Denn die Kleinlebewesen einschließlich der Regenwürmer

Bei zwei Komposthaufen hat man jederzeit gut verrottetes, organisches Material zur Verfügung

sind nur in einem stets feuchten, gut durchlüfteten Umfeld lebensfähig. Damit ist schon einiges über den Aufbau des Komposts gesagt. Er muß so locker erfolgen, daß Luft von allen Seiten Zutritt hat, andernfalls geht die saubere Rotte in stinkende Fäulnis über. Demselben Zweck dient eine gute Mischung des Materials. Dicke Lagen von ausschließlich Grasschnitt, Laub, Papier oder Küchenabfällen sind ebenso ungünstig wie starke Äste oder lange Zweige. Grundsätzlich kann alles organische Material kompostiert werden. Nicht auf den Kompost gehören Metall, Kunststoff, Plastik, Glas, Porzellan und Gummi.

Fleisch- und Wurstreste sowie Knochen gibt man ebenfalls besser in den Müll, weil sie in Fäulnis übergehen können, ehe es zur Verrottung kommt; außerdem locken sie streunende Hunde, Katzen sowie Ratten und Mäuse an. Grasschnitt sollte leicht antrocknen, wenn er schon mal in größeren Mengen auf den Kompost gelangt, trockenes Herbstlaub wird vorher angefeuchtet, ebenso Zeitungen, die man stets zerknüllen und dann kurz in Wasser einweichen sollte. Mit Buntdrucken muß man wegen möglicher chemischer Zusätze vorsichtig sein. Überängstliche behalten auch die Schalen von

Zitrusfrüchten zurück, die mit Konservierungsmitteln behandelt wurden. Allerdings sind sich die meisten Fachleute darin einig, daß derartige Schadstoffe durch den Rottevorgang restlos abgebaut werden.

Reifer Kompost, bei dem der Umsetzungsprozeß beendet ist, wird immer nur über die Beete gestreut und mit Harke oder Hacke leicht in die oberste Bodenschicht eingearbeitet. In der Tiefe bleibt er wirkungslos, weil hier Sauerstoff fehlt und die Wurzeln nur zu einem geringen Teil so weit vordringen können. Erst recht gilt das für sogenannten »unreifen« Kompost, in dem die Mikroorganismen noch in vollem Umfang tätig sind, bei dem die Verrottung also noch nicht abgeschlossen ist. In tieferen Bodenschichten kann dieses Material unter Luftabschluß in Fäulnis übergehen. Man benutzt es also zur Flächenkompostierung, das heißt, es wird wie Mulch auf Beete, unter Bäume und Sträucher gestreut. Die Pflanzen holen sich gerade soviel Nährstoffe, wie sie brauchen. Einzig bei Blattgemüse sollte man wegen einer möglichen Nitratanreicherung auch mit dem Kompost besser etwas zurückhaltend sein.

Ausreichende Kompostgaben fördern das Bodenleben – das Ergebnis sind gesunde und üppige Pflanzen

Pflanzenschutz

Die Zeiten sind gottlob vorbei, da man, kaum waren ein paar Blattläuse an Rosen oder Bohnen entdeckt, zur Spritze griff und ziemlich unbekümmert den Schädlingen mit dem erstbesten Insektizid zu Leibe rückte. Mittlerweile ist bekannt, daß ungehemmter Umgang mit Pflanzenschutzmitteln nicht nur dem eigenen Garten, sondern auf lange Sicht gesehen der Umwelt insgesamt schadet. Das 1988 in Kraft getretene neue Pflanzenschutzgesetz hat dem Rechnung getragen und sämtliche Schädlingsbekämpfungspräparate aus der Selbstbedienung herausgenommen. Jetzt muß sich der Käufer durch geschultes Personal beraten lassen. Es ist damit zu rechnen, daß in nicht allzu ferner Zukunft die Anwendung von Herbiziden (Unkrautbekämpfungsmitteln) im Hausgarten generell untersagt wird. Wie weit es nötig und vertretbar ist, gegen tierische und pilzliche Schaderreger überhaupt mit Hilfe der Chemie vorzugehen, diese Frage hat die Hobbygärtner in zwei Lager gespalten. Auf der einen Seite stehen die konventionell Wirtschaftenden, die schon mal zur Spritze greifen, auf der anderen die konsequenten Anhänger des biologischen Gartenbaus, von denen jegliches Einschreiten dieser Art kategorisch abgelehnt wird. In der Theorie haben die zuletzt genannten natürlich recht, in der Praxis sieht die Sache leider manchmal anders aus, wird die Chemie in extremen Befallssituationen zum willkommenen Helfer.

Schädiger und Krankheiten werden immer dann verstärkt auftreten, wenn die Pflanzen unter falscher Pflege oder Vernachlässigung zu leiden haben, sonnenliebende Gewächse also beispielsweise im Schatten stehen, zuviel oder zuwenig gewässert wird, der Boden nicht stimmt oder Fehler in der Ernährung vorliegen. Der wirkungsvollste Schutz für die Pflanzen beginnt also bei den Kenntnissen über die jeweils richtigen Kulturmaßnahmen. Und hier ist der Biogärtner dem weniger Versierten meist ein paar Nasenlängen voraus, weil er sich zwangsläufig mit den Zusammenhängen der Lebensumstände in seinem Garten ebenso intensiv beschäftigen muß wie mit den Ansprüchen der Gewächse im einzelnen. Sonst funktioniert im naturgemäßen Garten überhaupt nichts.

Hier ist auch der Grund dafür zu suchen, daß viele Hobbygärtner die ganze Biorichtung für einen arbeitsaufwendigen Nonsens halten. Man erleidet nämlich nur Rückschläge, wenn man weiter ausschließlich mineralisch düngt, auf den Schutz der Nützlinge nicht besonders achtet, den Garten in gewohnter Weise blitzsauber hält, Schädlingen und Krankheiten dann aber mit vom Biogärtner empfohlenen Methoden, wie dem Einsatz von Pflanzenjauchen-, brühen- und -tees, den Garaus machen möchte. Es geht den Gewächsen nicht anders als uns: bekämpfen wir eine Krankheit gleich mit den stärksten Medikamenten, müssen sanftere Verfahren und mildere Präparate später wirkungslos bleiben.

Der Weg zum vollkommenen Biogarten ist lang und beschwerlich, und man sollte sich gut überlegen, ob man ihn beschreiten will. Wer genügend Zeit hat, kann auf seiner kleinen Parzelle derartige Versuche unternehmen. Aber man muß gar nicht zum eingeschworenen Biogärtner werden, um auf Pflanzenschutzmittel weitgehend zu verzichten. Andererseits soll der Garten schließlich Spaß machen, der Kleingarten allemal. Dieser Spaß hört aber auf, wenn man eines Morgens feststellt, daß die Berberitze (*Berberis x ottawensis* ›Superba‹) von Raupen zur Hälfte kahlgefressen worden ist und bei der Befallsdichte mit Totalverlust gerechnet werden muß. Soll eine Rodung vermieden werden, hilft nur ein gegen Raupen zugelassenes Insektizid. In diesem Fall gibt es übrigens ein umweltschonendes, bei anderen Insekten und Organismen nicht wirkendes Spezialpräparat, bei dem ein Bazillus verspritzt wird. Er gelangt über die Kauwerkzeuge der Raupen in deren Darm und zerstört hier die Zellen. Dieses Produkt mit dem Handelsnamen Decis gehört in die Kategorie der sogenannten biologischen Pflanzenschutzmittel, weil es bis auf die Zielgruppe alle anderen lebenden Organismen verschont. Aber noch sind die Möglichkeiten des biologischen Pflanzenschutzes ziemlich

Nistkasten

begrenzt, so daß man in Not- und Sonderfällen bei der Bekämpfung den Tod einiger Nützlinge in Kauf nehmen muß. Wer beim Anbau und bei der Pflege ein paar Grundregeln beachtet, wird jedoch nur selten in so eine zwiespältige Situation geraten.

Die Ansprüche der Kulturpflanzen zu erfüllen, Nützlinge zu schonen und – wenn möglich – im Garten heimisch zu machen, bewußte Bodenpflege und eine möglichst große Vielfalt an Gewächsen sind Voraussetzungen, die sich auch im Kleingarten erfüllen lassen und Schadorganismen das Leben schwer machen. Die Schre-

bergartenanlagen – oft inmitten großer Städte – mit ihren Büschen und Bäumen sind ein beliebter Zufluchtsort unserer Singvögel, die vor allem während der Brutpflege große Mengen an Schädigern vertilgen. Es sollten also Nistkästen aufgehängt werden, nicht zu viele pro Parzelle, denn jedes Vogelpärchen hat sein eigenes Revier, in dem es keine Konkurrenz duldet. Daß Amseln auch Ärger bereiten können, wenn sie sich über junge Aussaaten, Kirschen und Beerenfrüchte hermachen, wird man hinnehmen müssen. Leider ist der Schaden offensichtlicher als der Nutzen, den uns diese Tiere bescheren.

Ein mit Holzwolle gefüllter Blumentopf dient als Unterschlupf für Ohrwürmer

Gallmückenlarven – hier beim Aussaugen einer Blattlaus – helfen bei der Schädlingsbekämpfung

Raubmilbe saugt Rote Spinne aus

Unter den Insekten gibt es nicht nur solche, die sich von Pflanzen durch Saugen oder Fressen ernähren, sondern auch andere, die ihrerseits den Schädlingen nachstellen. Bekannt sind bestimmte, winzige Schlupfwespenarten, Larven der Marienkäfer, Florfliegen, Raubmilben und Gallmücken. Im Unterglasanbau wie bei der Zimmerpflanzenpflege werden diese Nützlinge bereits gezielt eingesetzt, im Freiland ist das nicht möglich, weil die Tiere von befallenen Kulturen rasch in andere Gartenteile abwandern. Aber auch unter Käfern und zahlreichen anderen Kleininsekten gibt es räuberisch lebende Stadien,

die zur Dezimierung der Schädlinge beitragen. Man kann die für sie notwendigen Lebensbedingungen schaffen, indem man das Laub unter den Gehölzen nicht bis zum letzten Blatt wegrecht, in einer Gartenecke ein paar große Steine als Unterschlupf liegen läßt, Ziersträucher nicht rigoros auslichtet, kurz, den Saubermann etwas hinter den Naturschützer zurücktreten läßt.

Von den verschiedenen Pflanzenauszügen, die zur Stärkung der Gewächse oder zur Schädlingsabwehr im Biogarten Anwendung finden, war schon kurz die Rede. Man kann diese natürlichen Mittel selber herstellen, wobei zwischen Tees, Auszügen, Brühen und Jauchen unterschieden wird. Die dazu benötigten grünen Pflanzenteile werden gesammelt, oder man kauft getrocknete Blätter im Reformhaus beziehungsweise in einem Gartenfachgeschäft. Hier nun einige Rezepte und Anwendungsmöglichkeiten. Bei Tees werden die Pflanzenteile überbrüht und einige Minuten zum Ziehen stehengelassen. Danach siebt man sie durch und läßt sie langsam erkalten.

Auszüge stellt man her, indem die Pflanzen über Nacht oder länger in Wasser eingeweicht werden. Bei Brühen handelt es sich um Auszüge, die eine halbe Stunde bei mäßiger Hitze gekocht wurden. Jauchen sind vergorene Kaltwasserauszüge, die man nach Abschluß des Gärvorgangs zehnfach verdünnt über die von Schädlingen befallenen Gewächse spritzt. Alles, was nicht gegossen wird, muß vor Gebrauch gefiltert werden, damit die Düsen der Geräte sich nicht verstopfen. Die unangenehme Geruchsentwicklung von Jauchen läßt sich mindern, indem man ein paar Handvoll Gesteinsmehl oder einige Tropfen Baldrianextrakt in das Gärgefäß gibt.

Für Jauchen und Auszüge können als Maßeinheit 1 kg Grünmasse oder 150 g Trockensubstanz auf 10 l Wasser gelten. Es sind die im Hausgarten am meisten verwendeten Ausbringungsformen. Tees und Brühen aus den verschiedensten Kräutern sollten versierten Biogärtnern vorbehalten bleiben, die dann auch noch mit unterschiedlichen Aufwandmengen und verschiedenen Mischungen experimentieren.

Brennesseljauche soll gegen zahlreiche Krankheiten und tierische Schädlinge wirken, zum Beispiel als unverdünnter Auszug oder 50fach verdünnte, gärende Jauche vor allem gegen Blattläuse. Leicht verdünnte Ackerschachtel-halmjauche wird gegen Pilzkrankheiten gespritzt, unverdünnte Wurmfarnjauche gegen Schild- und Blutläuse, reine Brühe von Rainfarn vertreibt Erdflöhe. Neben diesen selbst hergestellten Präparaten bietet der Fachhandel eine breite Palette biologischer Pflanzenschutzmittel an, die aber nur dann wirksam werden können, wenn sich der Garten im schon beschriebenen, »natürlichen« Zustand befindet. Im übrigen ist nicht alles, was den Aufdruck »biologisch« trägt, so harmlos, wie der Laie annimmt. Präparate auf Pyrethrumbasis beispielsweise sind zwar für Warmblüter ungefährlich, bei Insekten jedoch hochwirksame Tötungsmittel und keineswegs bienenungefährlich. Dieser Extrakt einer tropischen Chrysanthemenart darf nicht in der Nähe von Gartenteichen ausgebracht werden, da er eine tödliche Wirkung für Fische und andere Wasserbewohner hat. Aus diesem Grund wird Pyrethrum von überzeugten Biogärtnern auch abgelehnt.

Neben chemischen oder biologischen Mitteln der Schädlingsabwehr gibt es noch mechanische Möglichkeiten, den Befall zu unterdrücken oder zurückzudrängen. Dazu gehört das Entfernen von kranken Pflanzenteilen – in diesem Fall mit

Brennessel

Ackerschachtelhalm

dem Endlager Mülltonne –, das Aufhängen von mit Raupenleim bestrichenen Gelbtafeln in Kirschbäumen, um der Kirschfruchtfliege habhaft zu werden. Halbierte rohe Kartoffeln, mit der Schnittseite nach unten in den Boden gedrückt, locken Drahtwürmer an, die als Wurzelschädlinge lästig sind; gegen Frostspanner helfen im Herbst um die Stämme der Obstgehölze gelegte Leimringe; ein mit einem Einschnitt versehener starker, unter jede einzelne Kohlpflanze geschobener Karton hält den Befall durch die Kohlfliege fern. Bei Blattläusen hilft manchmal das Abspritzen mit einem scharfen Wasserstrahl; fein gewebte Netze, zur Zeit der Eiablage über die gefährdeten Kulturen gebreitet, halten sehr wirksam die verschiedenen Gemüsefliegen ab; Schnecken kann man vor Einbruch der Dunkelheit absammeln, in mit Bier gefüllten und bis zum Rand in den Boden eingesenkten Gefäßen (Joghurtbechern) fangen oder Anzuchtbeete mit Schneckenzäunen schützen. Gegen Wühlmäuse hilft nach wie vor am zuverlässigsten der allerdings einige Kenntnisse erfordernde Fang mit Hilfe von Fallen. Diese müssen so angelegt werden, daß sie von Vögeln und Haustieren nicht aufgespürt werden können.

Gelbtafel

Netze schützen vor Schädlingen

Wurmfarn

Register

Halbfette Seitenzahlen verweisen auf Abbildungen.